프리랜서 번역가

수업

프리랜서 번역가 수업

호린의 프리랜서 번역가로 멋지게 살기

박현아 지음

세나북스

| 들어가며

번역가를 향한 결심에 등대가 되기를

　26살 여름, 번역가가 되기로 결심했습니다. 맨 처음 한 일은 검색창에 '번역'을 입력하고 엔터키 누르기. 생각보다 정말 정보가 없더군요. 당장 멋지게 일본어책을 번역해서 한글판으로 내거나, 영화관 엔딩 크레딧에 번역자로 이름이 오르길 바란 건 아닙니다. '어떻게 하면 번역 일을 하며 먹고 살 수 있는지' 알고 싶었습니다. 자격증과 학원 관련 홍보 글만 무수히 뜨던 PC 화면을 멍하니 바라보았습니다. '앞으로 대체 어떻게 하지?'라는 생각만 머릿속을 맴돌았습니다.

　시중에 출간된 번역 관련 책을 모두 구매해서 읽었습니다. 조금이라도 번역 일에 대한 정보를 구하고 싶었습니다. 대부분의 책은 도서 번역가들의 이야기였습니다. 도서 번역가로 어떤 계기로 데뷔하게 되었다는 이야기도 있었지만, 인맥으로 일을 시작한 이야기도 있었습니다. 원래 출판업계에서 일하던 저자도 있어서 조금 실망감도 들었습니다. 저는 인맥도 없었고 출판업계와는 거리가 먼 인생을 살아가고 있었거든요.

지금은 5년 차 프리랜서 번역가로, 책을 비롯해 관광 안내서, 게임, 홈페이지 등을 번역하며 말 그대로 '번역으로 먹고살 수 있게' 되었습니다.

나름 저 스스로 만족하는 수입을 얻고 나니, '그래, 어떻게 시작해야 할지 막막할 다른 번역가 지망생들과 내가 가진 정보를 나누자'라는 생각이 들었습니다. 2017년도 초부터 프리랜서 번역가에 대한 정보를 나누는 블로그를 시작했습니다. 시작한 지 얼마 되지 않았지만, 번역에 관련된 정보가 적어서인지 많은 분이 블로그를 방문해 질문을 해주셨습니다. 이런 질문들도 참고로 하고 그동안 스스로 번역에 대해 고민하고 생각했던 경험을 바탕으로 책을 쓰게 되었습니다.

"인터넷에는 홍보글 투성이고 어떻게 하면 번역가가 될 수 있는지에 대한 정보 찾기가 힘듭니다. 어떻게 해서 번역가가 되셨나요?" 저는 이 질문의 답을 이 책 한 권에 담았습니다.

책을 쓰면서도 블로그, 트위터를 통해 많은 질문을 받았고, 대체 사람들이 프리랜서 번역가에 대해 궁금해하는 내용은

뭘까, 끊임없이 생각했습니다. 제가 일본어를 번역하는 사람이라 일본어 번역을 중심으로 글을 썼습니다. 하지만 번역 입문, 번역가로 성장하는 과정은 비슷해서 적어도 영어, 중국어, 일본어 세 언어에는 적용 가능한 보편적 방법을 많이 언급했습니다. 기술 번역가, 산업 번역가, 도서 번역가, 영상 번역가에 대한 궁금증이 이 책을 보면 대부분 풀릴 것입니다. 번역뿐만 아니라 직장인들이 동경하는 자유로운 직업 '프리랜서'에 대한 이야기도 많이 담았습니다. 어떤 방식으로 일을 하고 생활하는지, 프리랜서 번역가라는 직업 세계에 대한 궁금증도 많이 풀어드릴 것입니다.

   이 책이 부디 '프리랜서 번역가'라는 꿈을 실현할 좋은 길잡이가 되었으면 합니다. 번역가를 꿈꾸는 모든 분이 온전히 자신의 노력으로 번역가가 되실 수 있기를 진심으로 응원합니다. 제가 번역가가 될 수 있게 도와준 임윤 사장님과 가족, 친구, 지인들에게 감사드리고 이 책이 나올 수 있게 힘 써주신 세나북스 최수진 대표님께 감사드립니다.

2017년 가을

박현아

프리랜서 번역가 수업 ··· 차례

들어가며 | 번역가를 향한 결심에 등대가 되기를   4

프롤로그 | 김양 이야기   14
           주양 이야기   18
           번역가가 되기까지 나의 이야기   25
           당신이 프리랜서 번역가가 되어야 하는 이유   30

1강 | 번역가에 대해 궁금하다

내가 생각하는 번역   34

번역 가능한 수준으로 외국어 실력 키우기   37
외국어 공부의 첫걸음 | 어학연수를 다녀와야 할까? | 어학 자격증이 필요할까? | 통째로 문장 암기하기

컴퓨터 능력이 번역과 무슨 상관?   45

꼭 언어 전공이어야 번역가가 될 수 있을까?   49

통번역 대학원을 반드시 나와야 할까?   50

번역을 부업으로 하고 싶은데 괜찮을까?   52

안정된 번역가가 되려면 어느 정도 기간이 걸릴까?   55

번역 자격증이 필요할까?   58

| 번역과 나이 | 60 |

번역가에게 필요한 태도와 자질 63

제일 중요한 한국어 능력 67

초반에는 재정적 뒷받침이 있어야 한다 69

너무 조급하게 생각하지 말자 71

인공지능과 번역 73

번역가가 통역을, 통역가가 번역을 할 수 있을까? 76

번역 분야에 대해 알아보자 78
기술·산업 번역 | 영상 번역 | 도서 번역

2강 | 프리랜서 번역가 되기

첫걸음은 경력 쌓기부터! 90

번역 이력서 작성하기 92
국내용 이력서 작성하기 | 해외용 이력서 작성하기

번역 업체에 영업하기 101
국내 번역 업체 영업하기 | 해외 번역 업체 영업하기 | 번역 업체 미팅 나가기

샘플 테스트 112

실전 번역 업무 과정에 대하여 116
번역가의 비밀유지 | 번역회사에서 원하는 번역가 | 의역

과 직역 | 번역투 없애기 | 관광 번역의 팁 | 게임 번역의 팁

이런 번역 업체는 피하자	127
자신이 할 수 있는 번역, 하지 못하는 번역	129
단가를 너무 낮추진 말자	132
자신의 번역에 자신감을 가지자	134
번역 리뷰 잘하는 방법	136
P.O 받기 & Invoice(청구서) 쓰기	139
번역 프로그램 소개	141
번역 단가 높이기	144

3강 | 프리랜서 번역가 라이프

프리랜서 번역가를 위한 준비물	148
프리랜서 번역가의 수입	152
번역이라는 즐겁고 보람찬 작업	155
번역이라는 괴로운 작업	157
프리랜서 번역가의 시간	160
프리랜서 번역가의 작업 공간	164
번역 공부에는 끝이 없다	168

프리랜서 번역가와 직장인의 차이점　　　　**170**

프리랜서 번역가와 요리　　　　**173**

프리랜서 번역가의 재정관리　　　　**177**

프리랜서 번역가의 지식　　　　**180**

프리랜서 번역가의 독서　　　　**183**

프리랜서 번역가와 세금　　　　**185**

프리랜서와 부업　　　　**186**

일복 있는 번역가 되기　　　　**188**

프리랜서와 건강 관리　　　　**190**

함께 하는 프리랜서 동료 만들기　　　　**193**

4강 | 프리랜서 일기

일이 없던 어느 하루　　　　**198**

너무나도 바빴던 어느 날　　　　**201**

일하면서 쇼핑은 자제해야!　　　　**204**

노트북과 함께 휴가를　　　　**206**

때로는 자신의 글도 써보자　　　　**208**

백수로 오해받기도 한다　　　　**210**

| 연휴·주말의 프리랜서 번역가 | 212

에필로그 | 번역가의 길을 고민하는 20대에게 | 216
| 프리랜서를 고민하는 30대에게 | 220

프리랜서 번역가 인터뷰 | 박주현 번역가 | 224
| 배성인 번역가 | 234
| 이소영 번역가 | 241
| 임윤 번역가 | 249
| 박소현 번역가 | 254
| 김성아 번역가 | 259
| 김소희 번역가 | 267
| 이예원 번역가 | 274

추천도서 | 번역 관련 추천 도서 | 282
| 일본어 공부 추천 도서 | 284
| 프리랜서 관련 추천 도서 | 285

프롤로그

김양 이야기

　　김양은 대학 졸업과 동시에 공무원 시험 준비를 시작했습니다. 조금이라도 안정된 직장을 얻기 위해서였습니다. 같이 졸업한 동기 다섯 명 중 세 명이 같이 공무원 시험 준비를 시작했습니다. 공무원 시험 경쟁률이 높다지만 좁은 취업문이나 공무원 시험 경쟁률이나 그게 그거라고 생각했습니다. 공무원이라는 직업에 큰 매력을 느꼈거나 원대한 꿈을 가지고 되고자 한 건 아닙니다. 그저 안정되고, 퇴직 걱정 없으며, 노후에 연금을 꼬박꼬박 받을 수 있기에 공무원이 최신이라고 생각했습니다. 하시반 시간이 살수록 그녀는

'과연 이게 맞는 선택일까?'
'나는 정말 공무원이 되고 싶은 걸까?'

라는 생각이 들었습니다. 그러다가 3년이라는 시간이 흘렀습니다. 열심히 했지만 합격하지 못하고, 나이만 먹어가는 자신의 모습에 점점 자신감이 없어졌습니다. 두려움이 몰려왔습니다. 이제 20

대 중반에서 후반으로 넘어가는 시기. 지금이라도 공무원 공부를 그만두고 이력서를 돌려야 하는 거 아닐까요. 20대 후반의 아무 경력도 없는 여자를 신입으로 써줄 기업이 몇 군데나 있을까요. 어떤 분야, 어떤 직종으로 취업해야 할지도 막막합니다. 그냥 하던 공부나 열심히 해서 공무원이 되자. 오늘도 흔들리는 마음을 다잡으며 노량진 거리를 맴돕니다.

그리고 또 3년 후……

분명 이건 뭔가 잘못됐다는 생각이 문득 들었습니다. 왜 아직도 노량진에 있는 걸까요. 3년이 지났지만, 김양은 그 흔한 토익 점수 하나 없이 스물아홉이 되었습니다. 김양은 열심히 공부했습니다. 하지만 3년 사이에 더 많은 경쟁자가 생겨났고, 김양은 아직 공무원 시험에 합격하지 못했습니다. 이제 슬슬 집에도 눈치가 보입니다.
"할 수 있을 거야! 힘내!"
라며 등을 토닥여주고 고기 한 점 얹어주던 부모님은
"올해가 마지막이다, 더는 뒷바라지 해주기 힘들어."
라고 피곤하고 지친 얼굴로 말씀하십니다. 이십 대 후반에 용돈을 더 달라고 하기도 민망해, 틈틈이 단기 아르바이트로

부족한 용돈을 채우고 있습니다. 하지만 용돈은 금세 바닥이 납니다. '아르바이트를 더 할까?'라는 생각도 하지만 공부할 시간도 부족합니다. 아르바이트할 시간에 조금이라도 더 공부해서 하루라도 더 빨리 합격하는 편이 나을 것 같습니다.

이런저런 생각을 하는 사이, 친구에게서 문자 메시지가 옵니다. 늘 김양을 위로해주는 단짝 친구입니다.

"공부는 잘돼? 시험 언제라고 했지? 이번엔 꼭 합격할 거야! 그런데, 이번 달 말일에 결혼식 갈 거지?"

평범한 위로 메시지인가 싶더니 결혼식 얘기를 묻습니다. 이제 슬슬 주변 친구들도 하나둘씩 결혼하기 시작합니다. 결혼은 커녕 연애도 겨우 하는 김양. 가뜩이나 부족한 용돈으로 이번 달에는 축의금까지 내야 합니다. 평소에 친구들에게 밥을 얻어먹는 처지라 축의금이라도 풍족하게 내고 싶은데 공시생 처지로는 한계가 있습니다. 결혼식에 가면 이미 사회에서 자리 잡은 다른 친구들과도 어쩔 수 없이 얼굴을 마주해야 합니다. 좋은 옷, 비싼 백에 커리어우먼 포스가 나는 친구들 모습을 보면, 더욱 자신의 처지가 초라하게 느껴지고 주눅이 듭니다. 요 며칠 동안은 공부도 손에 제대로 잡히지 않습니다.

스물아홉, 이제 어떻게 해야 할까요? 김양은 갈림길에 서

있습니다.

'기약 없이 공무원 준비만 계속하느니 이제라도 취직하는 게 낫지 않을까. 그러기엔 이제까지 해온 시간과 노력이……. 앞으로 조금만 더 하면 될 거 같은데…….'

김양은 답답한 마음으로 다시 책상에 앉아 펜을 듭니다.

주양 이야기

주양은 김양과는 다른 케이스입니다. 공무원 시험 준비, 생각은 해보았습니다. 하지만 공무원 시험 준비를 하려면 일정 기간 공부만 해야 하고 그러려면 자금이 필요했습니다. 주양은 그럴 형편이 안 되었을뿐더러, 공부를 그다지 좋아하지 않았습니다. 빨리 사회에 나가 돈을 벌어 멋진 커리어 우먼이 되고 싶었습니다. 졸업과 동시에 취업 시장에 뛰어들었습니다. 토익점수와 자격증, 교환학생 경험을 살려 이력서를 열심히 꾸몄고, 면접 스터디에도 빠짐없이 참가했습니다. 상·하반기 공채를 시행하는 유명한 기업들에 지원해 보았지만, 모니터에는 '안타깝지만……'으로 시작하는 안타까운 문구만 떴습니다.

주양은 1년의 백수 생활 끝에 전공을 조금이나마 활용할 수 있는 작은 회사에 취업했습니다. '우리 학과에서도 전공을 살려 취업하는 케이스가 7명 중 1명 정도니, 그나마 내가 다른 아이들보단 낫지!'라며 자신을 위로했습니다.

입사 초기에는 조금 설레었습니다. 한국 사회의 일원이 되었다는 느낌, 이제 온전한 어른이라는 느낌. 그리고 무엇보다도 스스로 돈을 벌어 자유롭게 쓸 수 있다는 사실이 뿌듯했습니다. 대학생 때도 아르바이트나 장학금으로 스스로 용돈을 해결했지만, 이렇게 150만 원 남짓한 돈이 매달 꼬박꼬박 들어오는 지금은 그 느낌이 사뭇 다릅니다. 천만 원, 1억은 아니지만, 마음이 풍족해지는 느낌입니다. 물론 일부는 학자금 대출과 부모님 용돈으로 스쳐 지나갔지만, 온전히 자신의 노동으로 번 돈의 느낌은 각별했습니다.

'그래, 쓰자!'

주양은 큰마음을 먹고 그동안 살까 말까 망설였던 고급 화장품을 샀습니다. 서너 달 돈을 모아서 해외여행도 다녀왔습니다. 비록 유럽처럼 돈과 시간이 많이 필요한 여행지는 아니었지만, 자유롭게 여행을 다니고 일을 하는 스스로가 참 괜찮게 살고 있다는 생각이 들었습니다.

그리고 1년이 지났습니다. 겨우 1년입니다. 그런데 주양은 왠지 지쳐있었습니다. 물론 가방은 길거리표 가방에서 백화점 표 가방으로 바뀌었고, 해외여행도 1년 사이에 두 번이나 다녀왔습니다. 저축을 안 한 것도 아닙니다. 하지만 뭔가 이건 아니라는 생각이 듭니다.

주양은 작은 무역회사에서 일하고 있습니다. 아침 7시에 일어나 서울 지하철 2호선의 출근 지옥철을 타고 9시까지 회사에 출근합니다. 지하철에서 보내는 삼십 분 남짓의 시간 동안 주양은 그저 사람들 사이에 끼여서 숨만 겨우 쉽니다. 그나마 끼여가기만 하면 좀 낫습니다. 재수 없는 날에는 엉덩이, 가슴, 허리 위로 이상한 손길이 느껴지기도 합니다. 꺅! 하고 소리를 지르고 싶지만 한 발자국도 움직일 수 없는 지하철 안에서 소란의 중심이 되고 싶진 않아, 그저 몸의 자세를 조금 비틀어 그 손길을 피합니다.

그렇게 회사에 도착하면 제일 먼저 컴퓨터를 켜고 메일을 확인합니다. 잠시 후 박 과장이 업무시간 1분을 남겨두고 어슬렁어슬렁 출근합니다. 사장의 사촌 동생인 박 과장은 권위주의로 꽉 차 있으나 실제 업무 능력은 형편없는 상사입니다.

그리고 주양 옆자리의 이 대리. 처음에는 주양에게 이것저것 업무를 친절하게 가르쳐주나 싶더니, 이제는 주양에게 모든 업무를 다 떠넘겨버리곤 이름만 자기 이름으로 바꾸어 보고서를 제출합니다. 신입을 포함해 단 네 명으로 구성된 이 팀의 회식 날은 우울할 지경입니다. 박 과장과 이 대리의 자기 자랑을 서너 시간 동안 들으며 잘하지도 못하는 술을 억지로 마셔야 합니다.

이게 사회생활이지 뭐. 남들도 다 이렇게 살 거야……. 주양은 이렇게 되뇌며 하루하루를 버티고 있습니다. 이게 일상이고 보통의 삶이라고 믿습니다. 물론 이십 대에 사업을 일으켜 성공한 사람들을 텔레비전에서 보긴 했지만, 자신과는 전혀 관련 없는 삶처럼 느껴졌습니다. 취업난이 한창이라 쉽게 이직을 꿈꾸지도 못합니다. 번듯한 회사로 이직을 하려면 적어도 3년 이상의 경력이 필요한데, 주양은 이제 겨우 2년 차. 이 나이에 신입으로 원서를 넣을 수도 없는 노릇이니, 주양에게는 지금 이 자리에 남는 방법 외에는 없어 보입니다.

과연 김양과 주양은 계속 이런 인생을 살아야만 할까요?

가까운 미래에 김양은 그동안의 노력이 열매를 맺어 공무원에 합격합니다. 안정된 직장과 연금을 손에 넣게 되지요. 하지만 지옥철 출근과 무능력한 상사, 이해 불능 동료직원과 매일 부딪혀야 하며, 원치 않는 회식에 참여해야 하는 건 주양과 별다를 것이 없습니다. 공무원이 되었지만, 과도한 업무에 눌려 하루하루를 정신없이 보냅니다. 그래도 어느 회사나 다 똑같다고 생각하며 하루하루 견뎌냅니다.

주양은 조금씩 모은 돈으로 남자친구와 결혼을 합니다. 맞벌이하며 둘이 열심히 돈을 벌었습니다. 아이가 태어나고 육아 휴직 뒤 복직하려 했지만, 아이를 봐 줄 사람이 없었습니다. 고민

끝에 퇴직하고 몇 년간을 전업주부로 살았습니다. 아이가 어느 정도 성장해 다시 일하려 했지만, 5년 이상 경력 단절 유부녀를 받아주는 곳은 없었습니다. 어렵게 취직한 회사였는데 이를 악물고 버텨 볼 걸 그랬나 하는 생각에 밤잠을 설칩니다.

 김양과 주양은 행복할까요? 그리고 앞으로도 계속 행복할까요?

 그렇다면 다음과 같은 삶은 어떨까요?

 아침에 지옥철 따위 타지 않습니다. 자신이 원하는 시간에 일어나고, 느긋하게 자신이 좋아하는 메뉴의 아침을 먹고, 직접 고른 원두로 커피를 내려 마십니다. 일하는 장소의 배경음악은 삭막한 사무실 공기가 아닌 이 시간 내가 제일 듣고 싶은 감미로운 음악입니다. 사장님이 저렴하게 사들인 딱딱하고 새까만 사무용 의자 따윈 없습니다. 푹신하고, 오래 앉아있어도 허리가 아프지 않은, 훌륭한 디자인의 품질 좋은 의자에 앉습니다. 스케줄을 확인하고 메일을 체크합니다. 스케줄에 참견하거나 업무 태도에 태클을 거는 어떤 목소리도 없습니다. 갑자기 대신 업무를 맡아 해줄 수 있겠냐고 동료나 상사에게 부탁받는 일도 없습니다. 그저, 자신에게 주어진 일을 자신의 페이스로 제대로 해내기만 하면 됩니다.

때때로 집중이 안 될 때는 자유롭게 밖에 나가 산책을 합니다. 오전 11시, 여유롭고 한적한 분위기의 카페로 노트북을 들고 나가 키보드를 두드릴 수도 있습니다. 옷차림과 화장 따원 신경 쓰지 않아도 됩니다. 바빠 죽겠는데 갑자기 회식 장소를 예약하라는 부장님의 지시도 없습니다. 카페에서 원하는 음료를 마시고 잠시 인터넷 쇼핑을 하며 머리를 식힙니다. 모니터를 감시하는 사람도 없으니, 눈치 볼 일도 없습니다.

갑자기 어디론가 떠나고 싶은 마음이 들면, 통장 잔액을 확인하고 비행기 티켓을 끊으면 됩니다. 휴가 쓴다고 눈치 볼 필요도 없습니다. 평일이든, 주말이든 상관없습니다. 원한다면 아예 해외에서 몇 달 살 수도 있습니다. 그래도 계속 자신만의 일을 할 수 있고, 돈을 벌 수 있습니다.

공부를 잘해도, 시험에 합격해도, 회사에 다닌다면 조직 인간, 회사 인간이라는 굴레에서 벗어나기 힘듭니다. 하지만 인생다운 인생을 즐기면서 자기 시간을 소유할 수 있는, 위에 언급한 삶을 실제로 사는 사람들도 있습니다.

그런 사람 중 하나가 바로 '프리랜서 번역가'입니다.

프리랜서 번역가? 책 쓰는 거? 나 책 싫어하는데? 일감은 어디서 얻고? 불안정한 직업 아니야? 외국어 잘하는 사람들이 얼마나 많은데! 외국어는 하지도 못하고, 외국에 가본 적도 없어!

 이렇게 생각할지도 모릅니다. 하지만 괜찮습니다. 프리랜서 번역가는 책을 많이 좋아하지 않아도 할 수 있습니다. 외국어를 잘해야 하지만 번역을 위한 밑천이라고 생각해 보십시오. 번역뿐만 아니라 수익을 추구하는 모든 일을 시작할 때는 '밑천'이 있어야 합니다. 외국어는 자기 자신만 열심히 하면 되며, 단기간에 큰돈 들이지 않고 마련할 수 있는 훌륭한 밑천입니다.

 당신이 김양 또는 주양과 비슷한 상황이라면, 그녀들의 현재의 삶과 프리랜서 번역가의 자유로운 삶 중 어떤 삶을 선택하겠습니까? 만약 당신이 현재의 삶이 아닌 자유로운 삶을 원한다면, 이 책이 당신이 원하는 '자유로운 프리랜서 번역가의 삶'을 손에 넣을 수 있게 안내해 줄 것입니다.

번역가가 되기까지 나의 이야기

　제 인생은 김양, 주양과 다른 바가 없었습니다.
　2011년, 대학교 졸업 논문 준비와 함께, 혹독한 대한민국 취업 시장에 뛰어들었습니다. 전문대를 졸업하고 편입을 해서 서울의 4년제 대학을 나왔습니다. 나이도 스물네 살이라 그리 많지 않았는데, 취업은 쉽지 않았습니다. 작은 회사라도 좋으니 그저 내 책상 하나만 마련해 주면 좋겠다고 얼마나 바랬는지 모릅니다. 구직 활동을 꾸준히 이어나가다가 그해 12월, 한 게임 회사의 면접을 보았고, 계약직으로 합격하게 되었습니다.
　게임 회사에서 운영자로 1년간 근무하면서, 사회초년생 특유의 열정으로 참 열심히 회사에 다녔습니다. 눈치도, 요령도 없었지만요.
　이제 와서 생각해 보면 정말 엉망진창인 신입이었구나, 윗분들이 힘들었겠구나 싶습니다. 가끔은 계약직이라는 사실도 잊을 만큼 즐겁게 회사생활을 했습니다. 지금 생각해 보면 큰 금액은 아니지만, 150만 원이 채 안 되는 월급도 그 당시의 저에겐 너무나 큰돈이었습니다. 태어나서 처음으로 백만 원 넘는 큰돈이 매달 통장에 들어왔으니까요. 하지만 1년 뒤, 저는 회사를 그만두게 되었습니다. 계약 만료였습니다.

회사를 그만두라는 일방적인 통보를 받고 나니 앞으로 무엇을 해야 할지 막막했습니다. 사무실 책상 앞에서 멍하니 모니터를 쳐다보며, 나의 미래에 대해 1시간 정도 이런저런 생각을 했습니다. 그러다 갑자기 결심했습니다.

'일본에 워킹 홀리데이를 가야겠다. 가서 일본어를 배워서 일본어로 먹고살아야겠다!'

마음속으로 항상 '일본어로 먹고살고 싶다'라는 생각을 막연하게나마 하고 있었기에, 그런 결심을 할 수 있었습니다. 계약 만료가 기폭제가 되어 드디어 구체적인 결심을 하게 된 것입니다. 젊으니까 해외 경험도 해보고 싶다는 등, 여러 가지 자기 합리화를 위한 핑계를 대며 어떻게든 일본에 가야겠다고 결심했습니다. 그렇게 일본에 갔고, 1년여를 보내며 일본에서 처음 프리랜서 번역일을 시작, 지금에 이르렀습니다.

직장에 다니면서도 마음 한구석에서는 '이 길이 진짜 내 길일까? 정말 하고 싶은 일을 하며 살고 싶은데……'라는 생각을 품은 사람이 많습니다. 한 번 용기를 내어 해보고는 싶지만, 실천을 위해서는 현실을 깨부수어야 한다는 두려움 때문에 대부분의 사람은 주저하고 고민하고 현실에 안주합니다. 저도 그랬습니다.

정말 하고 싶은 일이 있다면 지금의 안정된 상황을 내팽개치고라도 꼭 도전해야 합니다. 절박함이 필요합니다. 저는 일본에 다녀온 뒤, 제법 큰 회사 몇 군데에 정규직으로 취직했습니다. 취업난 속에서 모처럼 얻은 정규직의 기회. 월급도 이전보다 많았어요. 하지만 결국 그만뒀습니다. 프리랜서 번역가로 일하는 게 정말 좋았고, 계속해서 이 일을 하고 싶다는 마음속의 절절한 외침이 있었기 때문입니다. 안정된 기회들을 다 내팽개친 만큼 절박함이 앞섰습니다. 안정된 정규직의 삶보다 더 만족스러운 삶을 꼭 살아야만 했습니다. 그렇지 않으면, 제가 내팽개친 기회들이 너무 억울하니까요. 꼭 해내야만 했고, 지금은 해냈다고 생각합니다.

직장을 다니면서 프리랜서 번역가를 꿈꾸고 있나요? 그럼 자신에게 물어보세요. 지금의 수입과 안정된 현실을 뒤로하고서라도 프리랜서 번역가를 하고 싶은지 몇 번이고 자신에게 물어보세요. 모든 위험을 감내할 각오와 오기가 있다면 꼭 도전해 보세요. 하지만 그냥 '아, 한번 해보면 좋겠다' 정도로 생각한다면 조금 더 신중하게, 구체적으로 생각해 보라고 말하고 싶습니다. 이 일은 한 치 앞도 알 수 없는 불안정한 직업이기도 합니다. 이런 변화를 감당할 수 있는 용기가 필요합니다.

사실 저도 처음에는 막막했습니다. 일본에 있을 때 무작정 인터넷으로 프리랜서 번역가를 구하는 곳을 찾아 이력서를 보냈는데, 경력이 하나도 없었음에도 한국어 네이티브라는 강점 하나로 일본 번역 업체에 등록이 되었습니다. 그 후 한참 동안 프리랜서 번역가로 등록했단 사실조차 잊으며 일상을 보내던 중, 업체에서 연락이 왔습니다. 그리고 탄원서 하나를 번역하게 되었습니다. 무더운 여름, 도쿄 자취방 식탁에서 조심스레 노트북을 두드리던 제 모습을 마음속으로 떠올려봅니다. 저의 첫 번역일이었습니다.

그 뒤로 계속 같은 업체에서 일감이 왔냐고요? 아뇨. 그 업체와는 연락하고 있지 않습니다. 탄원서 한 건으로 거래는 끝이었습니다. 그 이후 한국으로 돌아와, 한국 번역 업체의 홈페이지를 돌아다니며 열심히 이력서를 돌렸습니다. 그래 봤자 이력은 겨우 두, 세줄 뿐이었습니다. 운이 좋게 서류통과가 되었고 샘플테스트도 통과해서 번역가로 등록이 되었습니다. 하지만 오랫동안 아무 연락도 오지 않았습니다. 기운이 빠졌습니다. 당장 먹고 살 일이 걱정이었던 저는 타이핑 아르바이트를 시작했고, 계속 번역일을 기다렸습니다. 그러다가 타이핑 아르바이트를 맡긴 업체에서 일본어 매뉴얼의 번역을 부탁했고, 그렇게 하나둘 경력을 쌓아 지금에 이르렀습니다.

　타이핑 아르바이트 업체를 통해 일 할 때는 한 달에 30만 원 정도 벌었습니다. 타이핑 업무도 포함해서이니, 번역으로 번 돈은 10만 원이 될까 말까였습니다. 하지만 지금은 회사원 월급 정도의 수입은 됩니다. 과연 타이핑 아르바이트에서 5년 차 프리랜서 번역가가 되기까지 어떤 일이 있었을까요. 그 기간의 이야기를 이 책에 풀어나갈까 합니다. 프리랜서 번역가를 희망하는 여러분께 도움이 되어 꿈을 이루는 데 조금이나마 도움이 되길 바라며…….

당신이 프리랜서 번역가가 되어야 하는 이유

먼저 당신이 프리랜서 번역가가 되어야 하는 이유에 관해서 이야기해 보겠습니다.

한국에서의 직장생활은 절대 쉽지 않습니다. 고용주들은 월급을 쥐꼬리만큼 주면서 바라는 게 참 많습니다. 여성들은 일 외적으로 성희롱이나 성차별을 당하기도 하죠. 사내 정치는 얼마나 치사한데요. 불합리하고 후진적인 회사문화에 많은 이들이 절망을 느낍니다. 프리랜서는 이 모든 것을 피해갈 수 있습니다.

자신이 일하는 만큼 돈을 받으니, 자신의 노력 여하에 따라서 월급이 쥐꼬리가 되기도 하고 부자가 되기도 합니다. 그만큼 일에 대한 애정도 점점 높아지죠. 맡은 일을 어떻게든 해내는 책임감이 생기고, 성취감도 높습니다. 잘해야겠다는 생각도 커집니다. 그러다 보니 저절로 실력도 올라가게 됩니다. 돈을 벌면서 자신의 직업적인 발전도 도모할 수 있습니다.

일 외적인 부분은 신경 쓸 것이 없습니다. 외국 클라이언트들은 제가 남자인지 여자인지조차 모르는 경우가 많습니다. 결혼했는지, 미혼인지도 전혀 상관도 없습니다. 일만 잘하면 되니까요. 회식 자리에서 상사가 이미 누구나 알고 있는 내용을 자신만 아는 양 설교하는 목소리를 듣지 않아도 되고, 부장님의 아재 개그에 억지로 웃을 필요도 없습니다. 치마가 짧니, 오늘 스타일이 어떻니, 넌 살 좀 빼야 한다느니…… 이런 소리를 들을 일도 없습니다. 재택 프리랜서와 클라이언트는 직접 얼굴을 보고 일하는 경우가 거의 없으니까요.

결혼 후 임신했다고 책상이 사라질까 두려워할 필요도 없습니다. 클라이언트는 당신이 임신했는지 안 했는지조차 모릅니다. 아이 어린이집 시간 때문에 서둘러 일을 마감하고 눈치 보며 퇴근하지 않아도 됩니다. 일하다가 여유 있게 아이를 데려올 수 있고 집에서 마저 일하면 됩니다.

회식 자리에서 2차에 가기 싫어서 슬금슬금 눈치를 보고 빠져나갈 일도 없습니다. 회식이 없으니까요. 옷차림도 자신이 편하면 그것으로 충분합니다. 일하는 방식을 자신이 편하고 좋아하는 방향에 맞출 수 있습니다. 부장님 줄을 서야 할지 이사님 라인인 과장님 줄을 서야 할지 오락가락할 필요도 없습니다. 상사의 기분이 언짢은지 신경 쓸 필요도 없습니다. 프리랜서에겐 상사가 없습니다. 직장생활 하면서 일 외에 받는 스트레스를 모두 피할 수 있다는 사실 자체가 프리랜서로서 누리는 가장 큰 축복입니다.

프리랜서가 된다는 건 내가 주도하는 자유로운 나만의 시간만이 존재한다는 의미입니다. 프리랜서는 정신적으로도, 신체적으로도 분명 더 풍요로운 삶을 보장할 것입니다.

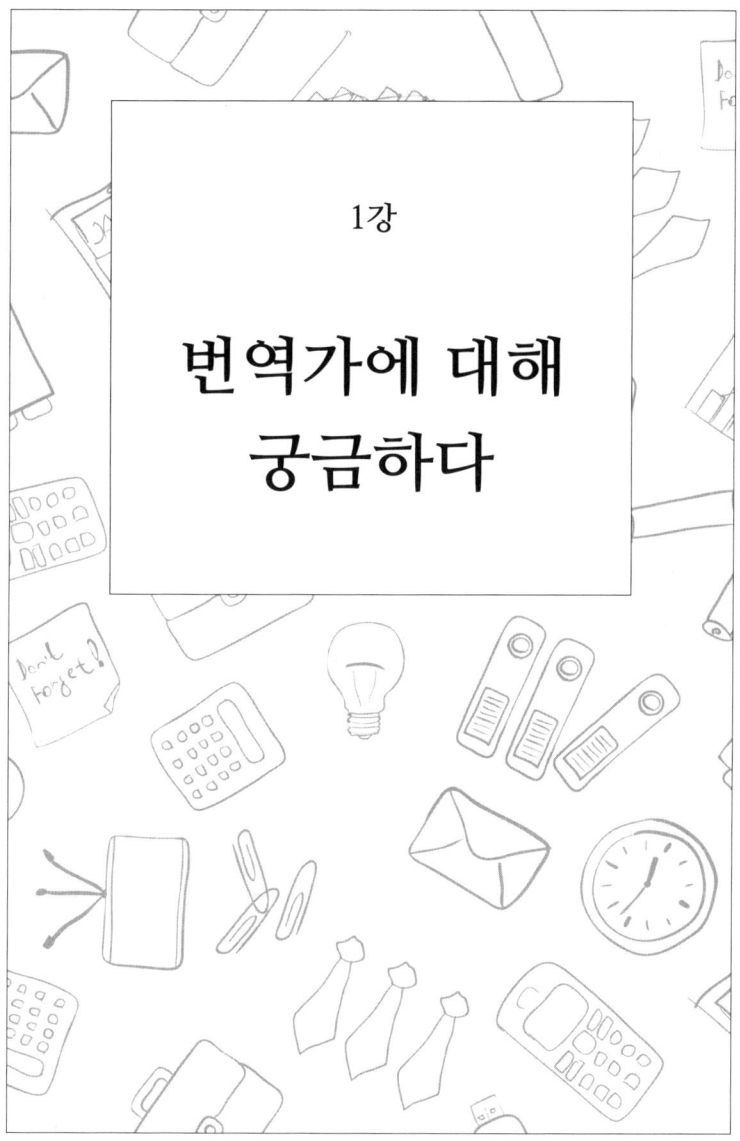

1강

번역가에 대해 궁금하다

내가 생각하는 번역

　　번역이란 무엇일까요? 한 언어를 다른 언어로 바꾸는 작업입니다. 한국에서는 외국어를 한국어로 바꾸거나 한국어를 외국어로 바꾸는 작업이 대부분일 겁니다. 외국어를 적당히 잘해선 안 되고, 한국어 작문 실력까지 뛰어나야 하니, 만만치 않은 작업입니다. 단순히 외국어를 한국어로 바꾸는 작업이라면, 구글 번역기나 사전으로 1:1 변환을 하면 되지 않을까요? 하지만 그렇게 단순한 작업이 아니라는 사실을 이미 잘 알고 계실 겁니다.

　　제가 생각하는 번역은, '로컬라이징(Localizing)', 즉 '현지화'입니다. 문장과 단어를 현지 사람 마음에 가장 잘 와 닿게 바꾸는 작업입니다. 우리는 한국어 네이티브니까, 외국어를 한국어로 현지화시키기가 뭐 그리 어려운 작업이냐고 생각하실 수도 있겠지만, 이게 좀처럼 만만치 않습니다.

　　예를 들면, '私は君が好き'라는 아주 간단한 일본어 문장이 있다고 합시다. 일본어를 조금 배워보신 분이시라면 여기서 조사 'が'가 우리말 조사 '이/가'로 번역된다는 지식이 있을 겁니다. 하지만 과연 이 문장을 '나는 네가 좋아'가 아닌 '나는 너를 좋아해'

라고 번역을 한다고 틀린 문장이라고 할 수 있을까요? 문맥상 '나는 너를 좋아해'라는 번역이 더 자연스럽고 그편이 의미 전달에 효율적이라면 '이/가'를 얼마든지 '을/를'로 바꿀 수 있을 것입니다.

　문법도 중요하고, 사전적인 의미도 중요합니다. 하지만 제가 생각하는 번역은, 문법과 사전적인 의미를 뛰어넘어 외국어 문장의 의미를 현지 사람이 이해할 수 있는 말로 바꾸는 작업입니다. 실전 번역에서는 교과서적인 문법, 사전적인 의미를 뛰어넘어야 하는 경우가 많습니다. 번역가의 감각과 판단력이 발휘되는 것이지요. 이런 능력을 발휘하기 위해 번역가는 인상을 잔뜩 찡그리며 고민에 빠지곤 합니다.

　'고민'하니까 생각이 났는데, 옛날에는 번역가가 단어 하나를 붙잡고 몇 날 며칠을 고민하는, 소설가와도 같은 이미지였던 거 같습니다. 도서 번역의 경우는 예외가 있을지도 모르지만, 기술, 산업 분야의 번역가는 단어 하나 때문에 몇 날 며칠을 고민하는 경우는 거의 없습니다. 마감이 있으니 적절한 퀄리티의 번역물을 단기간에 많이 번역해 내야 합니다.

　물론, '적절한 퀄리티의 번역물을 단기간에 많이' 번역한다 해도, 다른 나라 언어를 우리말로 옮기는 작업의 설렘은 그대로라고 생각합니다. 번역물을 보고 즐길 독자의 모습을 떠올리며,

조금이라도 더 잘해야겠다고 항상 다짐합니다. 저에게 이런 보람과 두근거림을 느낄 수 있는 작업이 번역입니다.

번역 가능한 수준으로 외국어 실력 키우기

번역 가능한 수준은 어느 정도의 실력을 의미할까요? 해당 외국어를 '능숙하게 술술 읽어나가는 레벨' 정도가 되어야 번역을 할 수 있습니다. 물론 번역가도 사전을 끼고 일을 하지만, 한 글자 한 글자 번역할 때마다 사전을 찾다간 정해진 기간 내에 납품은커녕 내용 이해도 제대로 못 합니다.

번역가는 외국어를 '열심히'가 아닌 '잘' 해야 합니다. 그럼 이런 수준의 외국어 실력을 갖추기 위한 과정을 한 번 살펴보겠습니다.

외국어 공부의 첫걸음

번역가가 되고 싶지만 지금 당장 전혀 준비되어 있지 않은 분들도 계실 겁니다. 제 네이버 블로그에도 종종 초급 일본어 교재를 추천해달라고 댓글을 남기는 분들이 계시지요. 이런 분들을 위해 외국어 공부의 첫걸음에 대해 이야기해 보고자 합니다.

번역가가 되고 싶은데 어떤 외국어를 선택해야 할지 모르는 분들도 계시겠지요. 번역만 해서 먹고 살고 싶으시다면 영어,

중국어, 일본어 중에서 골라야 속 편합니다. 이 세 가지 언어가 가장 일이 많거든요. 그리고 이 중에서도 영어 일이 제일 많습니다.

안타깝게도 일본어와 중국어는 일본과 중국에서만 사용되는 언어라서 일감이 한정되어 있습니다. 영어는 누가 뭐라 해도 자타가 공인하는 세계 공용어 1순위 언어입니다. 세계에서 가장 영향력 있고 많은 지역에서 사용됩니다. 영국과 미국뿐만 아니라 다른 나라에서도 많이 사용하는 언어기에 일감이 많습니다. 번역가로서 돈을 많이 벌고 싶다면 영어를 선택하시는 편이 좋습니다. 그래도 일본어, 중국어에 큰 매력을 느끼고 좋아한다면 당연히 일본어나 중국어를 선택해야죠.

이렇게 외국어를 선택한 후, 제일 먼저 달려가야 할 곳은 학원입니다. 인터넷 강의도 좋습니다. 우리나라의 외국어 사교육 열풍은 굉장해서, 좋은 콘텐츠가 많이 축적되어있습니다. 수많은 콘텐츠 중에서 어떤 것을 선택하면 좋을까요? 자신의 실력에 맞고 자신이 제일 배우고 싶은 내용을 다루는 콘텐츠를 선택하면 됩니다. 예를 들면 자신이 좋아하는 일본 드라마를 주제로 한 강의를 중점적으로 듣는다던가, 뉴스 독해를 하고 싶다면 뉴스를 중점적으로 다룬 콘텐츠를 선택하면 됩니다.

번역가가 되기 위해서는 외국어 공부에 많은 시간을 투자해야 합니다. 몇 년 동안의 꾸준한 번역 공부가 필요합니다. 초급 단계를 벗어나려면 적어도 몇 달간 같은 내용을 반복 학습해야 합니다.

'아, 이건 지겹지 않게 계속해낼 수 있을 거 같다'라는 콘텐츠를 선택해서 공부하면 좋습니다. 중요한 건 꾸준함입니다. 어떤 좋은 교재, 좋은 책을 쓴다고 한들 꾸준히 하지 않으면 하지 않는 것과 마찬가지입니다.

손으로 쓰면서 공부하는 방법도 추천합니다. 저는 외국어를 손으로 쓰면서 익혔습니다. 외국 드라마의 유명한 명대사를 캘리그라피처럼 써보기도 하면서 문장을 통째로 외웠습니다. 손에 익다 보면 저절로 머릿속에서 글자가 그려지는 느낌이 들기 때문에 저는 이 방법을 추천합니다. 시중에는 글을 따라 쓰면서 외국어를 익힐 수 있는 다양한 교재들이 나와 있으니 활용하면 좋습니다.

어학연수를 다녀와야 할까?

"번역하려면 외국에서 살다 와야 하는 거 아닌가요?"

이 질문에 대해서는 확실하게 대답해 드릴 수 있습니다. 꼭 그런 건 아닙니다. 저만 해도 일본에서 겨우 8개월 살다 왔을 뿐입니다. 미국에는 관광으로 일주일만 다녀온 영어 번역가도 있고, 중국에

한 번도 가보지 못한 중국어 번역가도 있습니다. 이런 번역가들은 실력이 떨어지지 않느냐고요? 아니요. 아주 훌륭하게 번역 일을 잘하고 있습니다.

실제로 많은 사람이 어학연수를 다녀옵니다. 어학연수를 다녀온 사람들이 모두 외국어 전문 번역이 가능할 만큼 잘할까요? 어학연수를 떠나도, 공부할 사람은 하고 하지 않을 사람은 하지 않습니다. 이 말을 바꾸어 말하면 어학연수를 가지 않고 국내에서만 공부해도 번역가가 될 사람들은 된다는 말이 되겠지요. 사실 아주 당연한 이야기입니다.

물론 어학연수를 다녀오면 좋은 점도 많습니다. 현지에서는 상황에 따라 어떤 말이 가장 직절하게 쓰이는지 실감 나게 공부할 수 있습니다. 하지만 인터넷이 발달해서 미국에 가지 않고도 미국인의 영어를 들을 수 있고, 일본에 가지 않고도 일본인이 사는 모습을 동영상 등으로 간접 경험할 수 있습니다. 물론 직접 경험과 임팩트는 다릅니다.

분명한 사실은 꼭 외국에 가지 않아도 충분히 외국어를 습득할 수 있는 세상에 우리가 살고 있다는 겁니다. 이런 환경적인 뒷받침이 충분하기에, 번역이 가능할 정도로 외국어 실력을 키우는 방법도 아주 다양합니다. 드라마 대사 외우기, 스카이프나 인터팔로 외국인 친구를 사귀어 서로 언어 교환하기도 얼마든지 가능합니다.

번역은 말하기 능력보다는 텍스트를 읽고 쓰는 능력이 조금 더 중요합니다. 번역을 위한 외국어 실력 향상을 위해서는 듣기보다는 인터넷에 올라온 외신 기사 등을 읽고 직접 해석해 보는 공부방법이 실전에 더 도움이 됩니다. 그러니 어학연수를 다녀오지 않았다고 움츠러들 필요는 없습니다. 목표를 향해 꾸준히 공부하고 노력한다면, 충분히 자신이 원하는 수준의 외국어 실력을 갖춘 번역가가 될 수 있습니다.

어학 자격증이 필요할까?

"일본어 번역을 위해서 JLPT N1 자격증을 받아야 하나요?"라는 질문도 많이 받습니다. 반드시 받을 필요는 없습니다만, 받을 수는 있어야 합니다.

JLPT(Japanese Language Proficiency Test)나 JPT(Japanese Proficiency Test)는 번역 업계에 처음 진입할 때는 필요할지도 모릅니다. 번역 아르바이트를 할 때 자격증을 보는 경우가 가끔 있거든요. 하지만 그 외의 경우에는 자격증이 필요 없습니다. 번역하는데 해당 외국어를 잘해야 하는 건 너무나도 당연하기에

굳이 자격증으로 입증할 필요조차 없습니다.

번역가로 활동하려면 준비 없이 JLPT 시험을 봐도 당연히 1급 정도는 취득할 수 있는 수준이어야겠죠. 번역물을 다루기 위해서는 JLPT N1 수준을 뛰어넘어야 합니다. N1에 쓰이는 한자는 일본에서 출판되는 실제 책 속에도 종종 사용됩니다.

어학 자격증에 스트레스를 받을 필요는 없습니다. 어학 자격증은 운도 어느 정도 따라주어야 하고, 시험의 스타일도 파악해야 고득점이 가능합니다. 나의 실력 검증에 좋은 참고 정도로 생각해도 충분합니다.

통째로 문장 암기하기

'번역할 만큼 외국어 실력을 키우는 방법' 중 제일 추천하는 방법은 '통째로 문장 암기하기'입니다.

저는 통·번역 학원에 다니며 이 방법을 익혔습니다. 일본 신문 사설을 하루에 하나씩 무조건 통째로 외우고 모르는 단어, 문구도 의미까지 통째로 삼키듯이 외웠습니다. '완벽하게 외웠음'을 테스트하기 위해, 백지에 그날 외운 사설을 술술 막힘없이 처음부터 끝까지 거의 완벽하게 써 내려 갈 수 있을 때까지 외웠습니다.

처음에는 사설 하나를 외우는데 8시간 정도가 걸렸고, 아무리 노력해도 백지에 완벽하게 그 사설을 옮겨 써낼 수 없었습니다. 하지만 외우면 외울수록 아는 단어도 많아지고 외우는 속도도 빨라져서 나중에는 3, 4시간 정도면 사설 하나를 완벽히 외우게 되었습니다. 이 방법은 자신이 연습 삼아 번역한 글을 누군가가 첨삭지도 해 주면 더 효과가 좋습니다. 번역 학원에 다니면서 자신의 번역을 선생님에게 첨삭 받아도 좋습니다.

사정이 여의치 않다면 중앙일보 인터넷 홈페이지의 한일 대역 코너를 이용해 한국어와 일본어를 대조해보면서 전문 번역가가 한국어를 일본어로 어떻게 번역했는지 공부해 보세요. 전문가가 번역한 글과 자신의 글을 비교해보며 어떠한 표현이 어떻게 번역되었는지 학습할 수 있습니다. 내가 한 번역을 고치고 다듬는 이런 과정은 번역의 기초를 단단하게 하는 데 큰 도움이 됩니다.

번역가로 일하면 다양한 방면의 글을 접하게 됩니다. 사설을 선택할 때에는 자신이 좋아하는 분야만이 아닌 되도록 다양한 내용의 사설을 선택해서 공부하면 더 좋습니다. 끊임없이 한자를 쓰면서 하는 공부이기에, 잉크가 보이는 펜으로 공부하면 잉크가 굉장히 빨리 소모됨을 느낄 수 있을 것입니다. 소모되는 잉크만큼 보람의 크기가 커짐을 느끼게 됩니다.

이 방법을 하루 최소 다섯 시간, 1년 이상하면 실력 향상을 확실히 느낄 수 있습니다. 물론 개인차는 있습니다. 머리가 좋거나 언어적 감각이 탁월한 사람은 다양한 사설을 빨리 습득해서 일본어 실력이 순식간에 향상될 것입니다. 반대의 경우도 있겠지요. 자기가 노력하기 나름입니다. 꾸준히 1년간 학습한 뒤, NHK 인터넷 신문을 봅니다. 어려운 단어가 많이 없고 시간을 들이지 않고도 눈으로 문장 내용을 쉽게 파악할 수 있으며, 우리말로도 깊은 고민 없이 내용을 표현할 수 있다면 번역가로 일해도 충분한 수준에 이른 겁니다.

컴퓨터 능력이 번역과 무슨 상관?

한 번역 업체 미팅에 갔습니다. 이 업체에서 수십 년 경력의 베테랑 번역가에게 책 번역을 맡겼는데, 2017년인 현재에 무려 종이에 손으로 직접 글을 써서 납품했다고 합니다. 컴퓨터가 흔하지 않던 옛날에는 누구나 번역한 글을 손으로 썼겠지요. 하지만 지금 그렇게 일을 한다면 당연히 시대의 흐름에 맞지 않습니다. 아마도 종이 원고로 납품받은 편집자는 원고를 다시 타이핑하느라 진땀 좀 뺐을 것입니다.

저는 컴퓨터를 무난하게 잘합니다. 맥을 구매해서 파티션을 나눠서 윈도우를 설치하는 정도는 할 수 있습니다. 혼자서 PC 포맷도 가능합니다. 여기서 잠깐 말씀드리자면, 번역할 용도로 컴퓨터를 장만한다면 맥은 정말 필요가 없습니다. 윈도우 탑재 노트북이 훨씬 사용하기 편리합니다. 그래서 저는 맥을 산 지 5개월 만에 팔아버리고 '레노버 싱크패드'를 샀습니다. 어릴 때부터 컴퓨터를 많이 망가뜨리면서 가지고 놀았더니 집에서도 컴퓨터가 고장 나거나 전자기기가 말썽을 일으키면 식구들은 오빠보다는 저를 찾습니다. 워드든 파워포인트든 한글이든 엑셀이든,

기본적으로 잘 다룹니다. 어떤 형식으로 번역물이 날아오든 손쉽게 작업이 가능합니다.

왜 갑자기 컴퓨터나 워드 프로그램 다루는 이야기를 하는지 아시겠죠? 번역하려면 컴퓨터를 기본적으로 능숙하게 다뤄야 합니다. 잘하면 더욱 좋습니다. 클라이언트에게서 어떤 종류의 파일로 의뢰가 올지 모르기 때문입니다.

방송 대본은 워드나 한글 파일로 오는 경우가 많고, 게임이나 상품 번역은 엑셀 파일, 매뉴얼이나 카탈로그 번역은 파워포인트나 PDF로 오는 경우가 많습니다. 하지만 이 모든 파일은 뒷장에서 얘기할 '트라도스(Trados)'라는 번역용 프로그램으로 간편하게 변환해서 작업할 수 있습니다.

하지만 트라도스를 사용할 수 없는 경우에는 워드나 엑셀, 파워포인트 내의 표나 그래프 등을 일일이 편집해야 하며, 어쩔 수 없이 새로 만들어야 하는 일도 있습니다. 이때 'MS(마이크로소프트) 오피스' 활용능력이 뛰어나면 큰 도움이 됩니다. 프로그램을 잘 다루지 못한다면, 'Microsoft Office Specialist (MOS) Master 자격증'을 취득하거나 학원을 따로 다니는 것도 좋습니다.

제 주위의 중년 이상 번역가 중에는 이런 다양한 문서 작성

프로그램에 서툴러서, 번역하기도 전에 프로그램 사용 단계에서 일의 진행이 막히는 경우가 종종 있다고 합니다. 번역은 시간 대비 효율이 높아야 돈을 잘 벌 수 있는데 프로그램 때문에 시간을 잡아먹으면 자신의 시급을 스스로 깎아 먹는 꼴이 됩니다.

　MS 오피스를 능숙하게 다룰 수 있다고 해도, 그림이 포함된 PDF 파일로 번역물이 왔을 때는 골치가 아플 수 있습니다. 이때, PDF 안의 글씨를 드래그할 수 있는 경우에는 http://smallpdf.com 사이트를 활용하면 됩니다. 이 사이트에서는 파일을 다른 파일 형식으로 변환할 수 있습니다. 아주 유용하고 도움이 되는 사이트입니다.

　손글씨로 쓴 파일이 PDF로 날아왔거나, 카메라로 책을 찍거나 해서 글씨 인식이 안 되면 'OCR 프로그램'을 사용합니다. 하지만 OCR 프로그램도 100% 정확하게 글씨를 인식하는 건 아니므로 주의해야 합니다. '알 PDF' 등 무료 OCR 프로그램도 있고, 전문적인 OCR 프로그램을 구매하려면 25만 원 정도의 비용이 듭니다. 일을 많이 하면 본전은 뽑겠지만 구매를 할지 말지는 각자 판단하면 됩니다.

　이처럼 컴퓨터 능력은 번역가가 되기 위한 필수 조건입니다. 번역가가 외국어를 잘하듯이 오피스같은 문서 작성 프로그램도 능숙하게 잘 다뤄야 원활하게 일을 할 수 있습니다. 워드나 한글에서 표 하나 제대로 만들 줄 모르는 사람에게 일을 맡기고 싶은 클라이언트는 없습니다. 클라이언트나 PM에게 "이 그림이나 도표는 어떻게 만드나요?"라고 물어보는 어리석은 짓은 하지 않아야 합니다. 그건 클라이언트나 PM에게 '나는 컴퓨터를 못하니 번역 이외의 문제로 너를 귀찮게 할 수도 있어'라는 시그널을 보내는 것이나 마찬가지입니다.

 클라이언트나 PM에게는 정말 피치 못해 해야 할 질문 이외에는 절대로 하지 않는 게 좋습니다. 아무런 질문도 하지 않으면서 질 좋고 깔끔한 번역물을 만들어내는 번역가는 세상에 이미 많으니까요.

꼭 언어 전공이어야 번역가가 될 수 있을까?

영어나 일본어 전공이 아니면 번역 일을 얻기 어렵지 않겠냐는 고민도 번역가 지망생이라면 많이 합니다. 전공은 플러스 요인은 될 수 있겠지만 필수 조건은 아닙니다. 전공보다 더 중요한 건 경력과 실력이니까요. 솔직히 말씀드리자면, 영어나 일본어를 전공했다고 그 사람이 영어나 일본어를 번역 가능할 수준으로 잘한다는 보장은 없습니다. 그랬다면 번역 시장은 이미 언어 전공자로 가득 차 있을 것입니다. 제 주변에는 언론을 전공한 번역가도 있고, 행정학을 전공한 번역가도 있습니다. 오히려 일본어나 영어를 전공한 번역가는 몇 명 보지 못했습니다.

경력을 쌓을 때는 유리할지도 모릅니다. 번역 아르바이트를 모집할 때 영어, 일본어 전공자를 우대하는 곳도 꽤 있으니까요. 첫 진입은 다른 전공자보다 수월할지 모릅니다. 하지만 번역 업계에서 일할수록 깨닫게 됩니다. 중요한 건 전공이 아니라 경력, 실력이라는 사실을 말입니다. 해당 언어를 전공하지 않았다고 기죽을 필요도, 고민할 필요도 없습니다. 경력, 실력만 있으면 전공은 부가적인 요인에 지나지 않습니다.

통·번역 대학원을 반드시 나와야 할까?

저는 통·번역 대학원을 나오지 않았습니다. 아니, 재수했는데도 떨어져서 못 갔습니다. 떨어진 게 창피하기도 하고, 진학했으면 좀 더 잘나가는 번역가가 됐을 거라는 생각도 가끔 들지만, 지금 시점에서 후회는 하지 않습니다.

일본에 다녀와서 '번역가가 되려면 그래도 통·번역 대학원 졸업이 유리하지 않을까?'라는 생각에 통·번역 대학원 진학을 준비했습니다. 합격률이 제일 높다는 학원을 알게 되었고, 그 학원에 등록해서 열심히 다녔습니다.

집의 원조를 받아 학원에 다녔지만, 용돈은 스스로 해결해야 했습니다. 통·번역 학원에 다니면서 타이핑 아르바이트도 하고, 번역 아르바이트도 하고, 일본어 과외도 했습니다. 용돈을 더 벌기 위해 번역 업체에 영업도 많이 하고, 일감을 조금씩이나마 꾸준히 받으며 경력을 쌓다 보니, 어느새 정식 번역 업체에 등록된 번역가가 되어 있었습니다.

통·번역 대학원 입시를 통해 제 일본어는 꽤 많이 늘었습니다. 이 입시 기간이 없었다면 제대로 된 일본어 번역가가 되지 못했을지 모릅니다. 사설 번역도 이때 공부한 방식입니다. 비록 시험에 떨어져 통·번역 대학원에 진학하지는 못했지만, 저는 당당히 일본어 번역가가 되어 이렇게 책을 쓰고 있습니다.

자신의 번역을 더 발전시키고, 공부를 더 하고 싶다면 통·번역 대학원 진학도 좋습니다. 하지만 번역 일을 얻기 위해 통·번역 대학원에 갈 필요는 없습니다. 통·번역 대학원 인맥으로 일감을 얻을 수도 있지만 오로지 그런 목적으로 통·번역 대학원에 가는 건 별로 좋은 방법이 아닙니다. 왜냐하면, 인맥 없이도 번역가가 될 수 있으며, 통·번역 대학원에 간다고 인맥으로 일을 쉽게 얻을 수 있지도 않습니다. 열 명 남짓 되는 주변 번역가 중에도, 통·번역 대학원을 나온 사람은 거의 없지만, 다들 활발히 번역 일을 하고 있습니다.

번역일은 일본, 한국뿐만 아니라 대만, 미국, 베트남 등에 있는 업체에서도 들어옵니다. 이들 업체로부터 일본어를 한국어로 번역하는 일을 종종 의뢰받습니다. 이런 클라이언트들은 한국에 있는 통·번역 대학원에 대해서 잘 모릅니다. 그들에게 중요한 건 통·번역 대학원을 나왔느냐가 아닌, 경력과 실력뿐입니다.

통·번역 대학원을 나오지 않아도 얼마든지 인정받는 번역가가 될 수 있습니다. 노력만 한다면 충분히 기회가 찾아올 것입니다.

번역을 부업으로 하고 싶은데 괜찮을까?

간혹 블로그에 "저는 직장인인데, 부업으로 하루에 3, 4시간만 번역일을 하고 싶습니다. 가능할까요?"라는 질문이 올라옵니다. 이에 대한 제 생각이 정답은 아니니 참고만 하시길 바랍니다.

'마감이 급하지 않은 일감을 꾸준히 주는 업체'를 이미 확보한 경우를 제외하고 번역을 부업으로 하기는 매우 어렵습니다. 번역은 일을 잡기 위한 속도와 기회 포착이 매우 중요한데, 이미 직장에 다니고 계신 분들은 이 두 가지 요소를 충족하기가 어렵습니다.

먼저, 번역을 시작하면 번역회사에 이력서를 돌리며 영업을 시작합니다. 다행히 서류가 통과되고, 번역 실력을 테스트하는 샘플 테스트에 통과하여 번역회사에 정식 번역가로 등록이 되었다고 합시다. 하지만 그 번역가에게 번역회사에서 당장 일감을 줄 확률은 아주 낮습니다. 왜냐하면, 이미 경험이 풍부하고 단가도 합의되어 있으며 품질도 보장되어있는 번역가를 많이 보유하고 있는 경우가 많으니까요. 제일 거래가 많은 번역가를 1순위, 그 사람 다음에 많이 거래하는 번역가를 2순위, 이런 식으로 번역가들은 업체에 암묵적으로 쭉 줄을 서게 됩니다.

만약에 1순위 번역가가 이미 다른 프로젝트를 수주한 상태거나 사정이 있어서 일을 맡지 못한다면 2순위 번역가에게 일감이 넘어가게 됩니다. 하지만 2순위 번역가도 사정이 있으면……. 이런 식으로 순위가 쭉 넘어가게 됩니다. 순위가 계속 넘어가다 보면 정식 번역가로 등록되긴 했으나 한 번도 거래를 해보지 않은 신입 번역가가 일을 맡게 됩니다.

신입 번역가에게 일이 넘어간 경우, 이 일이 시간상 촉박하지 않을 확률이 얼마나 될까요? 급하지 않은 번역 일이라면 아마 신입에게 넘어가기 전에 다른 번역가에게 주어졌을 가능성이 높습니다. 더 일을 잘하는 번역가에게 '지금 하는 업무 끝나고 이것 좀 부탁드립니다'라고 부탁하면 되니까요. 신입에게 맡기는 일감은 대부분 시간이 촉박하거나 글자 수가 얼마 안 되는 번역일 가능성이 높습니다. 부업으로 번역 할 경우, 과연 이 '촉박함'을 감당할 수 있을까요?

다른 이유도 있습니다. 번역 업체도 회사이기에 보통 오전 9시와 오후 7시 사이가 영업시간입니다. (시간대가 다른 해외 업체는 제외) 영업시간에 프리랜서에게 일감을 주는 일이 많지요. 하지만 부업으로 번역을 한다면 이 시간에 직장에 있을 확률이 높습니다. 오전 10시에 번역물을 넘기고 오후 5시까지 납품해달라는 번역 업체의 요청을 감당할 수 있을지, 저는 의문입니다.

  번역을 부업으로 하는 경우, 대부분은 '용돈 벌이' 정도로 생각하는 경우가 많더군요. 이미 꾸준한 수입이 있으므로 용돈은 '있으면 좋고 없으면 마는' 돈일 수도 있습니다. 회사에서 피곤하게 일하고 집에서 집안일을 정리한 뒤, 새벽 두 세시까지 '있으면 좋고 없으면 마는' 돈을 위해 일하고 아침 7시에 기상해서 회사에 가는 생활을 지속할 수 있을까요?

  솔직히 저는 번역을 부업으로 하는 데 부정적인 생각입니다. 열 명 정도 참여하는 대형 프로젝트가 있었습니다. 한 분이 회사에 다니면서 그 프로젝트에 참가했습니다. 회사에 다니니 나름 분량을 적게 주는 등 편의를 봐주었으나, 결국 회사 일이 바빠서 주어진 일감을 제때에 납품하지 못해, 전체 프로젝트 스케줄에 차질을 주었습니다. 그 모습을 보면서 '저건 좀 아닌 거 같다'는 생각이 들었습니다. 물론 직장을 다니면서도 번역을 부업이 아닌 또 하나의 본업으로 생각할 만큼 책임감을 느끼고, 긴급한 수요에 언제 어디서나 대응할 수 있으며, 제때에 납품을 맞추어서 할 수 있다면 아무런 문제가 없다고 생각합니다. 하지만 둘 중 하나를 선택해야 하는 상황이 올 때, 번역을 뒤로 미루겠다는 생각을 한다면, 아예 하지 않는 편이 낫다고 생각합니다.

안정된 번역가가 되려면 어느 정도 기간이 걸릴까?

　번역가로 입문, 안정된 일감을 얻기까지 어느 정도의 시간이 걸리는지 궁금해하는 분들이 많습니다. 저는 이런 질문을 받을 때마다 조금 난감합니다. 제가 아는 범위에서 안정된 프리랜서 번역가란 존재하지 않거든요.

　물론 특정 회사에서 꾸준히 일감을 받거나, 계속 장기 프로젝트를 맡아서 일 년 넘게 일 걱정하지 않고 사는 번역가도 있을 수 있습니다. 아니면 굉장히 유명한 번역가라서 출판사에서 계속 일감을 받을 수도 있겠지요. 하지만 특수한 경우를 제외하고 대부분의 프리랜서 번역가는 앞날이 불안정합니다.

　저는 프리랜서 번역가를 시작하고 1, 2년 차에는 한 달에 100만 원 이상 돈을 벌어본 기억이 손에 꼽힐 정도였습니다. 생활비라고 하기보단 저 혼자 쓰는 용돈 수준이었습니다. 그래서 일본어 과외나 강의도 병행했습니다. 3년 차 때부터 조금씩 100만 원 이상의 돈이 들어오기 시작하더군요. 예전에 100만 원 이상 수입을 올리는 달이 1년에 두 달 정도였다면, 3년 차일 때부터는 1년에 5~7달 정도 되었습니다. 그리고 4년 차일 때부터는 꽤 안정된 수입을 올렸습니다. 웬만한 회사원 월급과 비슷한 수준이었습니다. 큰 프로젝트를 몇 개 맡은 덕분이었습니다.

지금 생각해 보면 '운'과 '노력'으로 가능한 일이었습니다. 만약에 제가 큰 프로젝트를 수주받은 번역회사에 속해있지 않았다면, 꾸준히 취업 사이트를 들여다보며 일을 찾기 위해 노력하지 않았다면 지금에 이르지 못했습니다. 노력도 노력이지만, 운도 크게 작용했겠지요. 국내의 수많은 번역회사 중 운 좋게도 제가 속한 번역회사가 큰 프로젝트를 수주받아 저에게 기회가 주어진 것입니다.

만약 초보 번역가가 운이 좋아서 이력서에 남들보다 일찍 화려한 경력을 써넣게 되면, 1년 만에 안정된 수입을 얻는 프리랜서 번역가가 되는 일도 가능합니다. 이러한 경우를 실제로 본 것은 아닙니다만 가능성은 충분히 있습니다. 하지만 영업도 꾸준히 하지 않고, 실력을 키울 생각도 하지 않으며, 운까지 따라주지 않는다면 일을 시작한 지 5년이 지나도 월 100만 원의 수입도 올리지 못할 수도 있다는 사실을 명심해야 합니다.

뭐든지 자기 하기 나름이라고는 하지만, 프리랜서 번역가의 경우에는 이런 점이 더 크게 작용합니다. 절박한 마음으로 끊임없이 노력하는 자만이 살아남을 수 있는 세계입니다. 얼마나 빨리 자리를 잡는가는 온전히 자신의 운과 노력에 달려 있습니다. 그러니 너무 조급해하지 말고 일단 노력부터 해보는 게 어떨까요. 열심히 노력한다면, 운도 따를 거라고 믿습니다.

번역 자격증이 필요할까?

자격증은 사실 필요가 없습니다. 저는 모 번역 자격증을 그냥 따보긴 했습니다만(심지어 공부도 별도로 안 하고 기본 실력으로 시험을 봤습니다) 그 자격증을 통해 일감을 얻은 적은 한 번도 없습니다. 주변 번역가 중에 번역 자격증을 취득한 사람도 없습니다. 클라이언트들은 대부분 그 자격증이 뭔지도 모르는 경우가 많았습니다.

번역 자격증을 취득하면 일감이 들어올 거라며 열심히 공부하는 분들이 계실지도 모르나, 제 생각은 조금 다릅니다. 제게는 번역 자격증이 일하는데 전혀 도움이 되지 않았습니다. 초보일 때, 몇 번이나 자격증을 주관한 회사 측에 일자리를 알선해 달라고 요청했으나 어떠한 기회도 오지 않았습니다. 물론 제가 운이 나쁜 것일 수도 있습니다. 하지만 번역 자격증 없이도 돈 잘 버는 번역가가 제 주위엔 무척 많습니다.

번역 학원에 다니면 어떨까, 그 학원에서 어느 정도 레벨이 되면 일을 알선해 주지 않을까? 라는 생각을 하는 분도 많습니다. 제가 모든 번역 학원을 다 다녀보지는 않았지만, 제 경우에는 아니었습니다. 번역 학원에서 번역을 위한 공부를 하거나 스킬은 배웠지만, 일자리를 소개받은 적은 없었습니다.

저와 제 주변에 국한된 이야기지만 이런 이유로 저는 번역 자격증이 필요 없다고 생각합니다. 열심히 번역 실력을 쌓고, 번역 업체에 영업하면 번역 자격증 없이도 훌륭한 번역가로 성장할 수 있습니다.

번역과 나이

제 블로그에 방문하는 분들이 남기는 많은 비밀 댓글에는 "제가 늦게 번역가의 꿈을 꾸게 되어서……", "이제 와서 번역가가 되려는 꿈은 늦은 게 아닌지……"라는 내용이 꽤 많습니다. 이 질문에는 '번역가는 나이에 구애받지 않는 직업'이라고 말씀드리겠습니다.

제가 번역가가 되기로 한 나이는 26살, 일본에서였습니다. 일본 회사에서 아르바이트로 일본어를 쓰며 한국에 관한 업무를 하던 중, 문득 앞으로도 계속 일본어를 활용해서 재택근무로 자유롭게 일하고 싶다는 생각이 들었습니다. 무작정 인터넷으로 프리랜서를 모집하는 일본 번역회사를 검색했습니다. 서류가 통과되고 운 좋게 번역가로 등록되어 일본에서 첫 번째 일감을 받았습니다. 26살, 일본 자취방 식탁에서 홀로 모니터를 두드리며 번역을 한 것이 제 첫 번째 일이었습니다. 이때 저는 뭐든지 도전할 수 있는 나이라고 생각했고, 지금도 그 결정을 후회하지 않습니다. 하지만 솔직히 좀 무모한 행동이기도 했습니다.

한국에서 신입사원으로 취업할 수 있는 나이에는 솔직히 한계가 있습니다. 저는 그때 아직 신입사원으로 입사할 수 있을 나이였습니다. 하지만 그 가능성을 다 집어던지고 매우 불안정한 프리랜서 번역가의 길을 선택했습니다.

프리랜서 번역가를 시작하고 나서 4년 정도는 거의 알고 지내는 번역가가 없었습니다. 그러다가 큰 프로젝트에 참여하게 되었고 모 회사에서 프로젝트에 참가하는 번역가를 한 자리에 모아 교육을 했습니다. 그 자리가 계기가 되어 지금은 열 명이 넘는 번역가와 교류하며 지내고 있습니다. 그중에 제가 제일 어립니다. 한 분은 30대에 회사를 그만두고 프리랜서 생활을 시작했고, 저처럼 20대 중반에 취업을 포기하고 일찍 프리랜서의 길로 들어서서 지금은 10년의 경력을 쌓은 분도 있습니다.

아이들이 어느 정도 성장하여 시간에 여유가 생긴 4, 50대 주부, 정년퇴직을 한 5, 60대 남성도 도전하는 직업이 바로 번역가입니다. 나이와 상관없이 컴퓨터를 다룰 줄 알고, 외국어를 한국어로 번역할 수 있는 실력, 언제든지 연락을 받고 신속하게 일할 수 있는 자세만 갖추면 누구나 다 할 수 있는 직업입니다. 그러니 나이에 구애받을 필요는 없습니다.

번역에서 나이가 걸림돌이 되는 경우는 없습니다. 다만 게임이나 라이트 노벨의 번역이나, 그래프 작성이 포함된 번거로운 컴퓨터 작업이 포함된 경우, 의뢰할 때 번역가의 나이를 고려하기도 합니다. 하지만 50대 여성이 컴퓨터를 굉장히 잘 다룰 수도 있고, 60대 남성이 게임이나 라이트노벨 분야에 박식할 수도 있으니, 나이보다는 경력이 중요합니다.

번역가에게 필요한 태도와 자질

당신은 어떤 타입인가요?

친구들 사이에서 연락이 잘 안 되는 사람인가요? 핸드폰 문자가 와도 몇 시간이나 지난 뒤에 확인하는 타입인가요? 과제가 있으면 기일을 넘겨서 겨우 제출하는 게 일반적인가요? 메일 확인은 이틀에 한 번 정도 하는 편인가요? 죄송하지만, 이런 타입은 번역가에 적합하지 않습니다. 번역가가 되고 싶다면 반드시 개선해야 합니다.

사실 번역 실력도 실력이지만, 번역가가 반드시 갖추어야 할 태도와 자질이 있습니다. 느긋하게 카페에서 남 눈치 안 보며 일할 수 있는 번역가에게 무슨 '태도'와 '자질'씩이나 필요하냐고 물을지 모릅니다. 하지만 아무도 간섭하지 않고 눈치 주지 않는 번역가는 그만큼 자기 관리를 스스로 철저하게 해야만 합니다.

번역가에게 필요한 덕목을 몇 가지 이야기해 보겠습니다. 일단 번역가는 연락이 잘 돼야 합니다. 다시 한번 강조하겠습니다. '연락이 잘 돼야' 합니다. 언제 어디서나 바로 연락을 받는 자세가 필요합니다. 왜냐고요? 만약에 당신이 클라이언트라고 합시다.

언제 어떤 일이 들어와도 당장 연락이 되어 일에 대해 상의할 수 있는 번역가 A와 한 번 연락하려면 기본 3시간은 기다려야 하는 번역가 B가 있다면, 당신은 어떤 번역가에게 먼저 연락을 할까요?

또 다른 중요한 덕목은 바로 '스피드'입니다. 제가 아는 어느 번역가에게 이런 일이 있었습니다. 모바일을 통해 대형 프로젝트 번역가 모집 공고를 본 이 번역가는 한 시간 뒤 집에 돌아가 컴퓨터로 다시 사이트를 확인했습니다. 그런데 이미 모집 공고가 마감되었다고 합니다. 일감이 올라오면 즉시, 바로 지원해야 합니다. 번역할 사람은 많고 일은 한정적이니, 큰 프로젝트에 너도나도 재빨리 달려듭니다.

어떤 웹사이트에 구인 공고가 올라왔습니다. 마침 제가 자신 있어 하는 관광 분야였습니다. 글이 올라온 시각을 보고 얼마 되지 않았음을 확인한 뒤, 재빨리 이력서를 보냈습니다. 안타깝지만 결국 그 건은 다른 번역가가 맡게 되었습니다. 일주일 후, 그 번역회사에서 연락이 왔습니다. 사이트에서 모집한 일 말고 다른 건이 있는데, 제가 이력서를 원체 빨리 보내서 한번 맡겨보고 싶다는 이야기였습니다. 그렇게 저는 새로운 업체와 거래를 하게 되었고 작은 프로젝트들이지만 종종 그 업체에서 일을 맡아 진행하고 있습니다.

번역가에게 제일 중요한 태도는 '시간 약속을 지키는 성실함'입니다. 번역가에게 시간 약속이란 목숨과도 같습니다. 일분일초라도 넘기면 안 됩니다. 저는 이 덕목을 지키기 위해 반드시 납품 하루 전에 일을 마무리해서 보냅니다. 클라이언트가 정해준 시간 내에 보내야 클라이언트나 번역회사도 예정된 시간에 확인 및 리뷰 작업을 할 수 있습니다. 그들의 시간은 소중하기에, 당신 때문에 그들이 시간상으로 손해를 보게 해서는 절대 안 됩니다. 자신이 클라이언트라고 생각해 봅시다. 늘 여유 있게 납품하는 사람과 항상 몇 분 늦게 납품하는 사람 중 어떤 사람을 더 선호할까요? 뭐든지 역지사지로 생각해 보면 답이 나옵니다.

마지막으로 이야기할 태도는 '꼼꼼함'입니다. 한 문장 한 문장 대충 넘어가지 않는 꼼꼼함. 제대로 문맥을 파악하고 그 상황에 가장 잘 맞는 단어가 무엇일지 고민하며 번역해야 합니다. 하지만 너무 고심한 나머지 몇 날 며칠을 밤새워서 한 문장만을 고민하는 건 그다지 추천하지 않습니다.

이런 태도들이 중요하다고 생각해서인지, 저는 핸드폰 연락을 아주 잘 받습니다. 친구들이 보내는 휴대폰 메시지에도 즉각 답하는 편입니다. 친구들과의 시간 약속도 철저하게 지킵니다. 이 또한 직업병이라고 할 수 있겠으나, 저는 이 직업병이 그리 싫진 않습니다.

 장시간 똑같은 자세로 모니터를 바라보는 걸 힘들어하거나, 시간 약속을 잘 못 지키시는 분, 글을 세 줄 이상 읽기 싫어하시는 분들께는 번역가를 추천해 드리지 않습니다. 안타깝게도 이러한 성향은 쉽게 바뀌지 않습니다. 성향에 맞지 않으면 어쩔 수 없다고 생각합니다. 사람은 쉽게 바뀌지 않으니까요. 하지만 자신을 바꿔서라도 번역가가 되고 싶다면, 저는 그분을 열렬히 응원하겠습니다.

제일 중요한 한국어 능력

우리는 한국어 네이티브입니다. 당연히 한국어를 잘하지만, 외국어 원문을 불특정 다수가 이해할 수 있는 한국어로 옮기는 작업은 참 어렵습니다. 게다가 한국어에는 맞춤법, 띄어쓰기와 같은 복잡한 규칙이 많으므로 일일이 지키며 글을 쓰기란 쉬운 일이 아닙니다.

번역을 공부할 때는 원문과 해석문을 대조해보면서 뜻이 정확하게 번역되었는지 위주로 공부합니다. 실무에서는 조금 다른 느낌입니다. 왜냐하면, 실무를 통해 완성된 번역문을 보게 될 사람들은 원문과 대조를 하면서 보는 경우가 별로 없기 때문입니다. 생각해 보면 당연한 일입니다. 외국 관광지에서 한국어 안내문을 볼 때, 원문과 대조를 하면서 읽는 경우가 있나요? 오히려 원문을 전혀 알 수 없어서 한국어 안내문만 읽을 때가 더 많습니다. 이런 경우 당연히 번역문이 '번역문'으로 다가오는 게 아니라, '한국어로 쓰인 평범한 문장'으로 읽혀야만 합니다. 이러한 이유로 번역가에게는 조금의 글솜씨가 필요하다고 생각합니다.

제일 자연스럽고 올바른 한국어로 번역해야 하고 맞춤법

검사는 필수입니다. 국립국어원 사이트에서 어문 규정, 맞춤법 개정안을 참고하면 큰 도움이 됩니다. 어법 관련 문의는 '우리말 365(국립국어원에서 운영하는 카카오톡 서비스)'나 국립국어원 사이트의 질문 코너에서 할 수 있으니 궁금한 점에 대해 쉽게 알아볼 수 있습니다. 또한, ㈜나라인포테크의 '한글 맞춤법 검사기'를 유료로 구매하여 설치하면, 한글 파일로 작업할 때 아주 간편하게 맞춤법 검사를 할 수 있어서 큰 도움이 됩니다. 한국어 맞춤법 검사기는 웹상에서 무료로도 제공하고 있으니 웹사이트를 이용해도 됩니다. (http://speller.cs.pusan.ac.kr/PnuWebSpeller/)

맞춤법과 문법이 올바르고, 한국인이 읽을 때 어색함 없는 문장 쓰기는 절대 쉬운 일이 아닙니다. 번역기에게는 어떤 글을 써야 할지에 대한 막막함은 없으니 그나마 다행이긴 하지만, 그렇기에 주어진 재료를 어떻게 잘 다듬을지가 큰 과제가 됩니다. 평소에 우리나라 작가들이 쓴 에세이와 작문법에 대한 글을 보면서 공부하고, 번역에 적용해보기도 하면 글솜씨 향상에 큰 도움이 될 것입니다.

초반에는 재정적 뒷받침이 있어야 한다

솔직히 말씀드리자면, 번역가가 되면 초반에는 스스로 생계를 유지하기 어려울 확률이 높습니다. 어찌 생각하면 당연한 일입니다. 경력이 몇 줄밖에 없는 사람에게 누가 일감을 줄까요? 초반에는 아르바이트 사이트에서 구한 번역 아르바이트를 하면서 용돈 벌이 수준의 수입을 올리는 경우가 대부분입니다.

초반에 버티기 위해서는 당분간의 생계 해결을 위한 재정적 뒷받침이 필요합니다. 당장 일이 없을 테니 당분간 생계를 어떻게 유지하면 될까요? 부모님께 잠시 신세를 진다든지, 모아둔 적금으로 생활한다든지 하는 방법이 있습니다. 그렇지 않으면 오래 버티기 힘듭니다. 정말 운이 따르지 않는 이상 최소 3개월간은 한달에 30만 원 이상 벌기 힘들 테니까요. 저는 다행히 어린 나이에 번역을 시작해서 부모님께 신세 질 수 있었습니다. 그때는 죄송스럽게도 핸드폰 요금 및 생활에 필요한 비용을 대부분 부모님께 의지했습니다. 번역일이 아예 안 들어온 건 아니었지만, 모든 생활 비용을 감당하기엔 매우 부족한 금액이었습니다.

그렇게 1년 정도 생활하다가 이대론 안 되겠다는 생각에 잠시 직장을 다니기도 했습니다. 하지만 다시 번역을 하고 싶어 제자리로 돌아왔습니다. 2년 차일 때는 핸드폰 요금 정도는 낼 수 있었지만, 여전히 돈이 모자랐습니다. 절대로 풍족한 수준은 아니었지요. 다행스럽게도 3년 차일 때부터는 살만해졌습니다.

어느 정도 번역가로 자리를 잡기까지 저처럼 2년이 걸리는 사람도 있고, 안정적이기까지 3년이 걸리는 사람도 있을 것입니다. 어떤 사람은 3개월일지도 모릅니다. 제 생각에 일본어보다 훨씬 일감이 많은 영어는 그나마 빨리 자리를 잡을 수 있습니다. 일본어보다 일감이 적은 불어는 더 시간이 필요할지도 모릅니다. 하지만 이는 개인의 운과 노력에 따라 다르니, 어느 세월에 자리 잡을까 너무 걱정하지 않으셔도 됩니다. 제대로 된 방향으로 가고 있다면, 언젠가 분명 결실은 맺힐 테니까요.

너무 조급하게 생각하지 말자

오랫동안 취업 준비를 하던 친구가 있었습니다. 돈을 벌지 못한다는 압박감에 조금 지친 듯한 기색이 보여, 영어 번역을 해보는 게 어떠냐고 권했습니다. 그 친구가 미국도 다녀와서 영어도 잘했고, 평소에 글도 참 잘 썼거든요. 안 그래도 제게는 한 달에 한두 번씩은 영어 번역을 맡아달라는 메일이 오기도 해서, 소개해줄까 싶었습니다.

친구는 제가 소개해준 회사에 이력서를 보냈고, 그 회사에서는 샘플 테스트를 보내왔습니다. 그런데 웬걸, 친구는 우는소리를 하며 전화를 해왔습니다. "한국말로 바꾸는 게 너무 어려워. 나는 번역도 아닌가 봐. 내가 할 줄 아는 건 없어!"

이 글을 읽으시는 분도 이런 경험이 있을지 모릅니다. 하지만 너무 걱정하지 마세요. 당신은 생전 처음 번역을 해보는 거니까요. 샘플 테스트가 당연히 어려울 수 있습니다. 자신에게 익숙하지 않은 분야라면 해석도 쉽지 않고, 외국어를 읽고 무슨 뜻인지는 알겠는데, 막상 우리말로 표현하려니 감이 안 잡혀서 좌절할 수도 있습니다. 하지만 이 시점에서 '나한텐 번역이 안 맞나 봐'

라며 끝내서는 안 됩니다. 아직 걸음마도 익숙지 않은데 처음부터 잘 걸으려 하다가 아무래도 걸을 수 없다며 주저앉는 일이나 마찬가지이니까요.

주어진 샘플 테스트를 한국어로 자연스럽게 옮기는 작업이 아직은 너무 어렵게 느껴진다면, 조금 더 공부하고 훈련하면 됩니다. 계속 공부하면 됩니다. 샘플 테스트에 겁먹고 할 수 없다고 도망가지 마세요. 그건 샘플 테스트일 뿐이니까요. 물론 미성숙한 실력으로 실무에 뛰어드는 것도 위험합니다. 하지만 한 번의 좌절로 번역을 등 뒤로 해서는 안 됩니다. 진정 자신이 번역을 하고 싶어 하는지 다시 한번 생각해 보세요. 정말 하고 싶은 일이라면 어떻게든 할 수 있도록 노력해야 합니다.

번역가가 꿈이고, 번역가가 되길 원한다면 몇 번의 샘플 테스트에서 좌절했더라도 앞으로 꿋꿋이 나아가기 위해 노력해야 합니다. 자신이 좌절한 이유에 대해서 원인을 분석하고 부족한 부분을 보완하면 분명 번역가가 될 수 있을 테니까요.

인공지능과 번역

 최근의 구글 번역기는 성능이 아주 좋습니다. 그래서 이제 번역가는 전망이 없다, 번역기가 번역가를 대체할 것이라는 생각을 많은 사람이 하는 것 같습니다.

 실제로 번역기는 계약서나 약관 등 말이 분명한 문장을 번역할 때 꽤 훌륭한 성능을 발휘합니다. 실제로 일을 할 때 번역물을 번역기로 돌린 뒤, 번역물의 수정·리뷰 작업만 사람에게 맡기는 경우도 조금씩 늘어나고 있습니다. 하지만 그 외에 상품을 사용자에게 팔기 위한 문구, 관광 안내라든지 화장품 설명서 같은 종류의 번역은 아직 사람의 손이 많이 필요합니다.

 상품을 영업하기 위해서는 구매 욕구를 불러일으키는 매력적인 문구로 번역해야 하는데, 아직 기계는 그 단계까지는 안 왔거든요. 그러니 사람의 감정 표현을 세심하게 옮겨야 하는 문학작품 번역이나 상품 안내 번역까지 번역기가 맡게 되는 일은 아직 멀었다고 봅니다.

 그리고 번역은 똑같은 단어도 상황에 따라 달리 적용해야 하는 작업입니다. 예를 들면 아래와 같은 글이 있다고 합시다.

私はこの書き物をする際には君を思う。

　일반적으로 번역하면 '나는 이 글을 쓸 때 너를 생각해.' 입니다. 여기서 '書き物'는 글, 책, 편지, 타이핑, 논문 등이 될 수 있는데 이는 앞뒤 문맥을 봐야 유추할 수 있습니다. 여러 가지 '글' 중에 어떤 글이냐에 따라 아주 다르게 번역될 수 있습니다. 제 경험으로는 이런 세심한 번역까지 기계가 완벽하게 해주진 못합니다. 해석 정도는 가능할지 모르겠지만요. 그러니 아직 번역 일감을 인공지능에 모두 빼앗길 걱정은 하지 않아도 됩니다. 번역기가 완벽해지려면 더 많은 시간이 필요하고, 그 시간 동안 우리가 할 수 있는 일이 분명히 있을 테니까요. 기계번역은 전동칫솔이나 전기면도기와 비슷하다고 생각합니다. 우리 삶에 전동칫솔, 전기면도기가 자리 잡은 지 몇십 년은 된 듯합니다. 그동안 성능도 더 좋아졌고요. 그런데 지금 누구나 다 전동칫솔, 전기면도기를 쓰고, 일반 칫솔이나 면도기가 흔적도 없이 사라졌나요? 전동칫솔, 전기면도기가 아무리 성능이 좋아도 사람이 직접 해야 만족하는 때도 있습니다.

　이와 비슷한 이유로, 번역가가 없어지는 건 정말 먼 미래의 이야기라고 생각됩니다. 그리고 혹여나 없어진다고 하더라도 기계가 번역한 번역물을 리뷰하는 일은 경험 많은 번역가에게 돌아가게 될 것입니다. 그러니 당장 번역기 때문에 번역 일감이 사라진다고 낙담하지 말고, 나중에 기계번역이 주류가 되더라도 번역 시장에서 자신이 할 수 있는 일이 무엇일지에 대해 생각해 보는 게 더 낫지 않을까요?

  앞으로는 인공지능을 번역에 도입하는 소프트웨어가 더 많아질 것입니다. 그런 소프트웨어를 익히고 시대의 흐름에 발맞추어 빠르게 따라가면, 분명 어떠한 형태로든 살아남을 수 있을 것입니다.

번역가가 통역을, 통역가가 번역을 할 수 있을까?

예전에 무역 박람회의 통역을 나간 적이 있습니다. 그래도 나름 번역가인데 어느 정도 통역은 할 수 있겠지 라고 생각했습니다.

하지만 그 생각은 완전히 잘못되지도, 완전히 맞는 생각도 아니었습니다. 어중간했습니다. 일상적인 대화 정도는 곧잘 전달할 수 있었습니다. 하지만 말이 길어지면 그 사람이 어떤 내용의 말을 했는지 기억하느라 바빠, 지금 하는 말을 놓치기 쉬웠고, 이 사람이 한 말이 우리나라에서는 어떤 용어로 치환이 되는지에 대해 순식간에 생각해내어 전달하기는 보통 일이 아니었습니다. 나름 메모를 하면서 들었지만, 글씨 쓰는 속도에도 한계가 있었습니다.

그리고 그런 박람회에 찾아오는 사람들은 아나운서나 MC가 아닌 일반인이기에 그들의 발음은 어학 테이프에서 흘러나오는 명쾌한 발음이 아니었습니다. 알고 있는 단어인데도 그 단어가 맞는지 몇 번씩 헷갈릴 때도 종종 있었습니다. 번역이었다면 한자를 보고 바로 알아차렸을 텐데 말입니다.

이런 경험 탓에 저는 번역가는 번역을 하고, 통역가는 통역을 해야 한다고 생각합니다. 물론 두 가지 다 능통한 사람도 있습니다.

번역과 통역은 마치 스피드 스케이팅과 피겨 스케이팅 같습니다. 스피드 스케이팅에서 필요한 기술과 피겨 스케이팅에서 필요한 기술이 다른 것처럼 번역과 통역은 필요한 기술이 다릅니다.

사람의 성향에 따라 번역에 더 어울리는 사람, 통역에 더 어울리는 사람이 있다고 생각합니다. 성향에 맞추어 자신에게 좀 더 어울리는 쪽을 선택하면, 자신의 장점을 더 잘 살릴 수 있을 것입니다. 괜스레 '번역을 하니까, 부업으로 통역을 해볼까' 하고 기웃거리는 것은 좋지 않다고 생각합니다. 당신의 부업이 누군가에겐 전업이고, 누군가에겐 정말 소중한 기회일지도 모르니까요. 어설프게 다른 분야를 접하기보다는 한 가지에 집중해서 그 방면의 전문가가 되는 것이 바람직합니다.

물론 진지한 마음으로 통역도 하고 싶고 번역도 하고 싶다면 문제는 다르지만요. 모든 건 자신이 그 일에 임하는 태도로 결정된다고 생각합니다.

번역 분야에 대해 알아보자

'번역'이라고 하면 일반적으로 책 번역을 떠올립니다. 하지만 번역이 필요한 분야는 다양합니다. 일반적으로 '번역'하면 떠올리는 '책 번역'은 번역 업계의 극히 일부분에 지나지 않습니다. 번역의 종류를 크게 기술·산업 번역, 영상 번역, 도서 번역으로 나누어서 살펴보겠습니다.

기술·산업 번역

기술·산업 번역은 번역 업계에서 제일 큰 파이를 차지하고 있습니다. 관광, 게임, 각종 기계 설명서, 홈페이지, 안내문 등과 같은 번역이 기술·산업 번역에 속하는 분야입니다. 저는 기술 번역을 메인 필드로 하여 번역 활동을 하고 있습니다만, 그중에서도 제 전문 분야는 '관광'과 '게임' 분야입니다. 관광과 게임 분야는 번역 일감이 많은 편입니다. 그 이유는 조금만 생각해 보면 잘 알 수 있습니다.

일본과 한국은 게임 강국입니다. 우리나라에 들어와 있는 일본 게임도 많습니다. 일본 게임이 우리나라에 수입되어 사용자들에게 전해지려면 한국어로 번역되어야 합니다. 우리나라에는 일본 게임을 즐기는 사용자도 많고, 마찬가지로 일본에서도 게임 산업이 잘 발달한 한국에 게임을 수출하길 원하는 기업이 많습니다. 그러니 게임 번역 일감이 많을 수밖에 없습니다. 스토리가 있는 'MMORPG 게임'의 경우에는 서비스가 종료되지 않는 이상, 특정 시기마다 이벤트와 업데이트 등으로 스토리와 아이템이 추가되어 추가 번역 이슈가 발생하므로 번역 일감이 지속해서 발생합니다.

 이번에는 관광 번역에 관해 이야기해 보겠습니다. 요즘 일본 여행이 아주 인기입니다. 우리나라와 일본은 거리가 가깝기에 쉽게 여행할 수 있고 많이 선호합니다. 이런 이유로 양국 간의 관광 산업이 발달하여 서로의 국가를 대상으로 한 관광 안내문 등이 필요할 수밖에 없습니다. 이런 안내문은 한국어로 글을 새로 쓰기도 하지만, 대부분은 일본어로 된 안내문을 번역합니다. 일본은 전국에 걸쳐 유명 관광지가 많고, 관광지 자체의 안내문뿐만 아니라 관광지 홈페이지 안내문, 관광지를 소개하는 블로그, 관광지에 있는 맛집 안내문, 관광지를 테마로 한 기사도 번역합니다. 또한, 일본어 원문이 수정되면 이에 맞추어 새로 번역을 하는 경우도 많아서 번역 일감이 많습니다.

그 외에 일본 문구제품 안내문 번역, 기계 매뉴얼 번역 등의 일감도 많은 편입니다. 일본의 경우를 예로 들었지만, 어떤 국가든 우리나라와 교류가 활발한 분야를 찾아보면 그쪽에서 꽤 많은 번역 일감이 발생하고 있음을 알 수 있습니다. 영어는 세계 공용어이기에 해외 시장을 가진 분야라면 무조건 번역 일감이 발생하게 됩니다. 이런 사실을 참고해서 해당 산업에 관심을 두고 번역 필드를 굳혀나가다 보면 그 분야의 전문 번역가가 될 수 있습니다.

보통 이런 기술 번역은 글자수당으로 단가를 책정하여 번역료를 받습니다. 때로는 건당, 장당으로 받는 때도 있지만, 기본적으로 글자수당으로 번역료를 받으니, 처음에 번역을 시작할 때 자신이 번역하는 언어 페어(언어 페어란 한 언어를 다른 언어로 번역할 때 그 두 언어를 의미합니다. 예시 : 일본어-한국어)의 평균 자당 단가가 얼마 정도 되는지를 조사해보고 그에 따라 번역료를 책정하면 됩니다.

영상 번역

번역을 시작한 초반에 저의 주된 수입원이 된 분야는 영상 번역이었습니다. 취업 사이트에서 일본 드라마나 애니메이션의 자막 제작 인력 모집 공고를 보게 되었습니다. 당장 수중에 돈이 없었고, 뭐든 닥치는 대로 해보자는 생각에 경력도 없는 주제에 겁도 없이 도전했습니다.

영상 번역은 일반 번역과 다르게 '자막 제작 프로그램'을 다룰 줄 알아야 합니다. 안타깝게도 자막 프로그램 사용법은 누가 상세히 가르쳐주지 않으니 독학해야 합니다. 참 매정하지요? 번역 업계는 누가 무언가를 가르쳐 주는 일이 드문 업계입니다. 어려운 자막 프로그램을 독학하는 일은 쉽지 않았습니다. 보통 'ATS'나 '한방에'라는 자막 제작 프로그램을 쓰는데, 저는 'KSS'라는 프로그램을 사용해 작업했습니다. 이런 프로그램을 통해 자막이 들어가고 빠지는 타임코드를 찍고 자막을 제작하게 됩니다.

영상 번역은 단 두 줄에 대사의 내용이 모두 들어가야 합니다. 글자 수에 제한이 있기에 얼마나 센스 있게 말을 줄여내느냐가 관건입니다. 마침표 절대 찍지 않기, 두 사람이 함께 말하는 장면에서는 '-'로 구분해 주기, 느낌표는 몇 개 이상 찍지 말기 등, 기본적인 사항부터 시작해 많은 규칙이 있기에 이런 조건들을 다 맞추어 작업하기도 만만치 않습니다.

영상 번역은 사람이 주고받는 '대화'가 대부분이기에, 딱딱한 문어체가 아니라 자연스럽게 말하듯 번역해야 합니다. 대부분은 원어 대본을 주기에, 배우가 말하는 뉘앙스를 파악하고 대본을 참고하면서 번역합니다. 하지만 배우가 대본에 없는 애드립을 한다든지, 대본에 없는 장면이 추가되는 경우에는 온전히 듣기 능력을 발휘해서 번역해야 하기에 꽤 힘든 작업입니다. 실제로 저는 한 영상에서 60대 아저씨가 술주정하는 대사를 도저히 해석할 수가 없어서, 일본인 친구에게 도대체 무슨 대사냐고 물어보기도 했습니다.

보통 영상 번역은 10분을 기준으로 단가가 책정됩니다. 10분당 얼마인 식입니다. 이것도 자신의 외국어 페어가 10분당 평균 어느 정도의 단가를 받는지 조사해보고 가격을 미리 책정해보면 도움이 될 것입니다.

도서 번역

내 이름이 새겨진 책을 서점에서 처음 발견했을 때, 뭐라고 해야 할까요, 가슴이 반짝였습니다. 번역가라면 누구나 자신의 이름이 새겨진 책을 한 권쯤 내보고 싶다는 생각을 당연히 합니다. 도서 번역은 가장 진입장벽이 높은 분야입니다. 그냥 부딪혀보자는 마음으로 도서 번역을 하고 싶어서 이곳저곳 출판업계 사람들이 모이는 커뮤니티를 마구 돌아다니며 일본어 번역서를 내고 싶다고 꾸준히 글을 올렸습니다. 책 한 권 내보지도 못한 초보인데 지금 생각하면 참 용감했습니다.

그러던 중 운 좋게 한 출판사와 연을 맺어 첫 책을 내게 되었습니다. 인맥이 아닌, 오로지 인터넷 홍보로 일감을 얻고 책을 냈습니다. 지금 알고 지내는 출판사들도 모두 인터넷을 통해서 알게 된 출판사들입니다. 기회는 노력하는 자에게 주어진다는 사실을 저는 이때 실감했습니다.

도서 번역에 접근하려면 두 가지 루트가 있습니다. 에이전시를 통해 의뢰를 받아 번역하는 루트와 출판사에서 직접 의뢰를 받아 번역하는 루트입니다. 두 가지 루트는 번역료 등에서 조금

차이가 납니다. 내친김에 도서 번역의 번역료에 대해서 살짝 말씀드리자면, 일반적으로 번역된 글이 200자 원고지 몇 장인지로 번역료를 책정합니다. 만약 200자 원고지 1장당 3,500원일 경우, 전체 번역물이 200장이라면 70만 원이라는 식입니다.

번역된 글이 A4용지 몇 장인지에 따라 번역료가 책정되기도 합니다. 한 권당 얼마로 책정하는 때도 있고요. 이렇게 번역 완료 후 번역료를 한 번 받고 거래가 끝나는 '매절 계약'이 있고, 선인세를 약간 받고 나머지는 책이 팔리는 '인세'로 받는 때도 있습니다. 계약 사항, 즉 어떤 업체와 어떻게 계약하느냐에 따라 번역료가 달라집니다.

출판사로부터 직접 의뢰를 받는 경우는 대부분 인맥으로 소개받는 경우입니다. 하지만 우리는 인맥이 없지요. 이럴 때 출판사와 거래할 수 있는 한 가지 방법이 있습니다. 바로 '외서 기획'입니다. 아직 국내에 출판되지 않았으며 판권이 팔리지 않은 책 중에 우리나라에 소개하고 싶은 책을 직접 골라 '외서 출판 기획서'를 써서 출판사에 제안합니다.

출판사에서 이 기획서를 검토한 후, 출판하면 좋겠다고 판단하면 대부분 그 기획서를 쓴 사람에게 번역을 맡깁니다. 출판사에서 번역가가 제안한 기획서만 취하고 막상 번역은 다른 번역가에게 맡기는 일도 있다는데, 이런 경우는 기획을 제안한 사람이 번역할 정도의 실력이 없거나, 출판사가 매너가 없는 경우겠지요.

아직 국내에 출판되지 않은 책을 어떻게 구하냐고 머리를 갸웃거리실 수도 있습니다. 하지만 우리에겐 인터넷이라는 강력한 무기가 있다는 사실을 잊어선 안 됩니다. 일본의 경우에는 'honto.jp'와 같은 사이트를 이용하는 등, 해외 사이트를 통해 종이책을 구매하지 않아도 e-book(전자책)으로 구매해 책을 볼 수 있습니다. 물론 해외 결제가 되는 신용카드는 필수입니다. 아마존 재팬을 찾아보면 지금 잘나가는 책이 어떤 책인지 알 수 있고, 책의 독자 리뷰도 읽어볼 수 있습니다.

외서 기획을 하러 일본 비행기 표를 끊지 않아도 되니 참 편리한 세상입니다. 다음은 외서 기획서에 필요한 목차이니, 참고하셔서 좋은 책을 우리나라에 많이 소개해주시기 바랍니다.

· **외서 기획서 예시** ·

외서 기획서

기획자 : ○○○

1. 원서명(제목 및 부제도 번역)

2. 저자명 및 소개

3. 분야

4. 책 소개

5. 목차 번역

6. 예상 독자층

7. 독자 리뷰

8. 발췌 번역(책 속에서 흥미로운 부분 번역)

9. 기획자의 의견

10. 국내에 출간된 유사도서

※ 이 목차에 필요한 부분을 덧붙여도 됩니다.

도서 번역에는 '발췌 번역'과 '검토서 작성', '샘플 번역' 같은 일도 있습니다. '발췌 번역'은 아직 번역되지 않은 외서에서 에이전시나 출판사가 요청한 부분을 발췌하여 번역하는 일입니다. '검토서 작성'은 출판사에서 요청한 외서를 읽어보고 어떤 내용의 책인지, 번역하여 출간할만한 책인지에 대해 양식에 맞추어 검토서를 작성하는 일입니다. '샘플 번역'은 주로 에이전시의 요청으로 이뤄집니다. 여러 번역가에게 책의 한두 페이지를 샘플로 번역해달라고 요청한 뒤, 출판사가 마음에 드는 번역가의 샘플을 선택하여 그 번역가에게 책 전체의 번역을 맡깁니다. 이때에는 번역 실력도 중요하지만, 그 사람의 번역 스타일과 출판사가 원하는 문체 등이 잘 맞아야 채택이 됩니다.

보통 발췌 번역과 검토서 번역은 번역료를 받습니다만, 샘플 번역은 콘테스트와 비슷하기에 번역료를 받지 않는 경우가 많습니다. 하지만 자신의 이름이 새겨진 책이 나올 기회이니, 몇 번이고 도전하고 싶은 건 저뿐만이 아닐 겁니다.

출판계에 대한 정보는 네이버의 '1인 출판 꿈꾸는 책공장' 카페나 '북에디터' 사이트를 통해 얻을 수 있습니다. 출판계의 다양한 최신 뉴스나 이슈뿐만 아니라 일감 등도 종종 올라오니, 참고하시면 도움이 될 것입니다.

• 참고로 하면 좋은 사이트 •

1인 출판 꿈꾸는 책공장 : http://cafe.naver.com/bookfactory

북에디터 : http://bookeditor.org

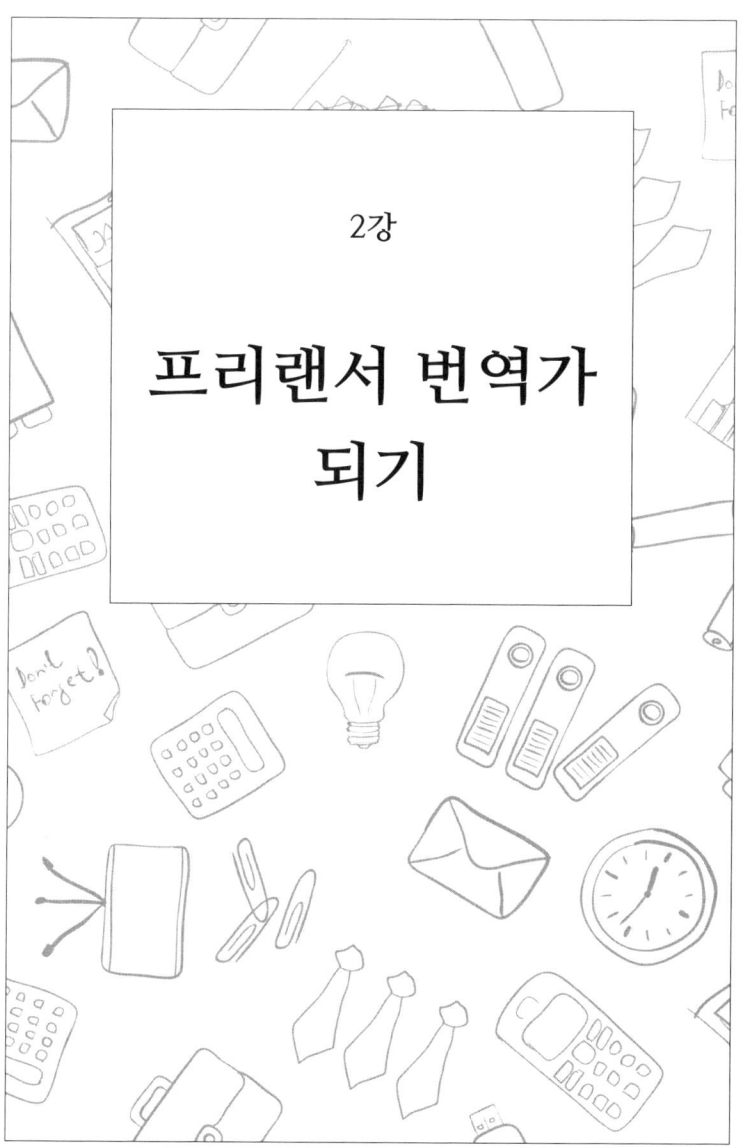

2강

프리랜서 번역가 되기

첫걸음은 경력 쌓기부터!

앞서 언급한 것처럼 프리랜서 번역가는 '경력'이 가장 중요합니다. 누구든 신참 때는 아무런 경력이 없는데 경력이 있어야 한다니, 말이 안 되는 소리지요. 안타깝게도 아무리 신입이라도 경력이 없으면 써주지 않는 곳이 번역 업계입니다. 인맥이 있으면 "일본어 좀 하는구나? 그럼 이것 좀 번역해줄래?"하는 식으로 번역 첫 스타트를 쉽게 끊을 수 있을 텐데, 안타깝게도 대부분은 이런 인맥이 잘 없습니다. 저도 그랬고요.

신입이 경력을 만들려면 어떻게 해야 할까요? 일본 체류 경험이 있다거나 일본어를 전공했다면 그 내용을 이력서에 녹여서 도전하면 될 테지만, 만약 일본어와 관련된 어떠한 경험도 없다면 'JLPT N1 자격증' 정도는 따는 편이 좋습니다. 앞서 말씀드린 번역 자격증은 별 도움이 안 되지만, JLPT는 일본어 실력을 객관적으로 평가할 수 있는 척도가 되는 시험이니 일본어 실력을 내세울 수 있는 근거가 됩니다.

경력이 없을 때 제일 먼저 향해야 할 곳이 '아르바이트 사이트' 또는 포털 사이트의 '번역 카페'입니다. 아르바이트 사이트에서 '

번역'을 키워드로 검색하면 번역 일감들이 조금씩 나타납니다. 이 중에서는 경력 없는 대학생을 대상으로 한 아르바이트 일감도 많이 올라오니, 그것들부터 노려보는 게 첫걸음이라 할 수 있습니다. 이런 아르바이트는 때로는 직접 회사에 출근해서 시급으로 번역 작업을 요청하기도 하는데, 경력을 쌓기 위해서는 단기 아르바이트로 출근하는 방법도 괜찮다고 생각합니다.

번역 카페에는 때때로 번역 직거래 일감이 올라오는데, 이런 일감들은 저렴한 가격에 빨리해주는 사람을 우선순위로 원하는 경우가 많습니다. 꼭 스마트폰으로 번역 카페 일감 게시판의 '새 글 알림 설정'을 켜둬야 일을 빨리 얻을 수 있습니다. 일감을 얻으면 최선을 다해 빠르고 정확하게 작업을 해줍니다. 이런 경험이 하나씩 쌓이면 좋은 경력을 많이 만들 수 있습니다.

번역 이력서 작성하기

열심히 공부해서 번역 실력을 키웠고, 아르바이트를 통해 작은 이력을 다섯 줄 정도 마련했다면, 이제부터가 실전입니다. 제일 먼저 해야 할 일은 무엇일까요? 번역 업체에 자신을 잘 소개하는 이력서를 작성합니다. 번역 이력서는 어떻게 작성해야 좋을까요? 이력서는 보통 국내용과 해외용으로 나뉘는데, 하나하나 차근차근 살펴보도록 합시다.

국내용 이력서 작성하기

우선 포털 사이트에서 깔끔한 이력서 서식을 내려받습니다. 내려받은 뒤 제일 먼저 할 일은 '주민등록번호' 칸 지우기입니다. 번역 업계에서 이력서는 자신이 어떤 일을 해왔는지 알리는 포트폴리오입니다. 이 포트폴리오가 통과되어야 함께 일할 가능성이 생기는데, 그 가능성을 전혀 알 수 없는 첫 단계에서 주민등록번호를 기재한 이력서를 보내면 상대는 자신이 알고 싶지 않은 정보 때문에 부담스러워 할 수 있습니다. 또한, 이력서를 쓴 본인도 자신의 개인정보를 뿌리는 꼴이 됩니다. 우리의 개인정보는 소중하므로, 추후 프리랜서 등록 계약까지 진행되어 주민등록번호가 필요하다면 그때 알려줘도 됩니다.

국내 이력서 서식에는 사진을 붙이는 칸이 있습니다. 사진을 붙이든 안 붙이든 상관없지만, 솔직히 국내 업체용 이력서에는 사진을 붙이는 편이 신뢰도가 더 올라갑니다. 이때 붙이는 사진은 취업용 사진도 괜찮으나, 저는 증명사진 중에 제일 '예쁘고 깔끔하게' 나온 사진을 붙였습니다. 그 회사에 직원으로 들어가는 건 아니기에 딱딱하게 나온 면접용 사진을 붙이기보다는 예쁘고 깔끔하게 나온 사진을 붙이는 편이 좋은 첫인상을 남길 수 있습니다. 이름과 주소, 연락처와 이메일은 필수입니다.

강조해 말하자면, 번역 이력서에 입력할 가장 중요한 내용은 '이메일'과 '연락처'입니다. 지원자가 마음에 들어서 한번 일을 맡겨보고 싶을 때, 아주 당연하지만 클라이언트는 이력서에 기재된 이메일이나 연락처로 연락을 합니다. 이메일과 연락처를 잘못 적으면 이력서를 돌리는 의미가 없으니, 반드시 올바르게 잘 적었는지 한 번 더 확인합시다.

그다음은 학력과 근무 경력입니다. 고등학교부터의 학력을 기재합니다. 근무 경력은 특정 회사에서 근무한 경력을 쓰면 됩니다. 만약에 어학원에서 강사로 일했다면 그 경력도 적는 게 좋습니다. 번역과 전혀 관계없는 회사라 해도 괜찮습니다. 만약 게임 회사에서 일한 경력을 적으면, '아 이 사람은 게임 업계에서 일했구나. 그러면 게임 번역도 할 수 있겠네?'라고 클라이언트가 생각할 수 있습니다. 제가 지금 관광과 게임 번역을 주요 필드로 하여 일하게 된 것도 제 이력서의 '게임 회사 근무 경력'이 한몫했다고 생각합니다.

컴퓨터 활용능력을 쓰는 칸도 있는데, 저는 여러분이 MS 오피스를 중상급 이상은 다루어서 문서 작성용 소프트웨어 정도는 무리 없이 다룬다고 적게 되길 바랍니다.

자격 및 면허에는 자신이 가진 'MOS 자격증', '워드프로세서 자격증', '컴퓨터 활용능력 자격증' 등을 기재합니다. 컴퓨터 자격증을 하나 정도는 취득해서 이력서에 쓰는 게 좋습니다. 클라이언트에게 '적어도 파일을 못 열겠다며 울며 전화하진 않겠구나!'라는 인상을 줍시다. 그리고 뒤에서 언급할 'CAT TOOL' 사용 여부를 반드시 써넣습니다.

번역 자격증, 외국어 자격증에 대해서는 1강에 해당 내용이 있으니 참고하기 바랍니다.

신장, 체중, 시력 등은 쓰지 않아도 됩니다. 지난 5년간 돌려온 제 이력서를 지금 열어보니 역시 공란입니다. 종교나 취미도 마찬가지입니다. 일하는 데 그리 중요한 사항이 아니니까요.

'기타 경력 사항'을 작성하는데 이제부터가 진짜입니다. 이곳에 자신이 지금까지 해왔던 번역 경력들을 차근차근 적어나갑니다.

- 20xx년 x월 - OOO 코퍼레이션 OOO 매뉴얼 일한 번역

이런 식으로 쓰면 됩니다. 자신이 분명 작업했는데 회사명이 뭔지, 어떤 매뉴얼인지 기억이 안 나는 경우도 있습니다. 이때 클라이언트에게 물어봐선 절대 안 됩니다. 일반적으로 클라이언트는 번역물 외의 일로 귀찮게 하는 걸 싫어합니다. 번역 일을 할 때 주고받은 이메일 등으로 회사명을 알아내어 쓰도록 합시다.

초보라서 서너 줄밖에 안 되는 경력을 쓰고 나면 일반적으로 자기소개서 페이지가 등장합니다. 자기소개서는 쓰든 안 쓰든 자유입니다. 저는 쓰지 않고 보내는 편입니다. 글솜씨에 자신이

없을뿐더러, 웬만해서는 번역 이외의 글쓰기 능력으로 평가받고 싶지 않기 때문입니다.

  자, 이렇게 이력서를 다 쓰고 나면 한번 훑어봅시다. 오타는 없는지, 잘못 기재한 사항은 없는지 꼼꼼하게 확인해 봅니다. 가능하면 한 번 출력해서 검토해 봅니다. 화면상으로는 보이지 않던 오타나 이상한 문장이 보일 수도 있습니다. 이력서가 완성되었다면, 파일명에 이름을 꼭 넣고 저장합니다.

• 국내 이력서 예시 •

이력서:
김번역

인적사항	성명 주소 자택전화 휴대전화 E-mail	김번역(姓名 / English Name) ㅇㅇ시 ㅇㅇ구 ㅇㅇ동 ㅇㅇ아파트 ㅇㅇㅇ동 ㅇㅇㅇ호 00.0000.0000 010.000.0000 ab0000@naver.com	
학력사항	2015.03-2017.02 ㅇㅇ대학교 ㅇㅇㅇ대학원 졸업 예정 ㅇㅇ학 석사 2011.03-2015.02 ㅇㅇ대학교 ㅇㅇㅇ대학 졸업 ㅇㅇ학 학사 / ㅇㅇㅇ 부전공		
직장경력	기간 장소 직무 및 직급	ㅇㅇㅇㅇ.ㅇㅇ-ㅇㅇㅇㅇ.ㅇㅇ (주)회사이름 Business Group. Planning team, 팀원	
어학	외국어 일본어 영어 중국어	시험 JLPT TOEIC Hsk	점수 ㅇㅇㅇ점 ㅇㅇㅇ점 ㅇ급	증빙기관 ㅇㅇㅇ 교육협회 ㅇㅇㅇ 어학시험 ㅇㅇㅇ 사무국
컴퓨터 활용능력	Microsoft Office Master 자격증 취득 Trados Studio 2017 사용 중		
번역 경력	기간 ㅇㅇㅇㅇ.ㅇㅇ-ㅇㅇㅇㅇ.ㅇㅇ ㅇㅇㅇㅇ.ㅇㅇ-ㅇㅇㅇㅇ.ㅇㅇ ㅇㅇㅇㅇ.ㅇㅇ-ㅇㅇㅇㅇ.ㅇㅇ	프로젝트명 번역 어드벤쳐 번역 코스메틱 ㅇㅇㅇ 제품 설명 ㅇㅇㅇ 코퍼레이션 ㅇㅇㅇ 매뉴얼	분야 게임 화장품 매뉴얼

해외용 이력서 작성하기

해외용 이력서를 쓴다면, 자신이 번역하는 외국어로 된 이력서 한 개, 영문 이력서 한 개, 총 두 개를 꼭 쓰도록 합시다. 만약 영어 번역만 한다면 영문 이력서 한 개만 쓰면 됩니다.

먼저, 국내용과 마찬가지로 구글과 야후 재팬 등에서 무료 이력서 서식을 내려받습니다. 그리고 내용을 채워나갑니다.

해외용 이력서에는 사진을 넣어도 되고 안 넣어도 되는데, 이것은 나라의 특색에 맞추어야 합니다. 저는 일본어 이력서에는 반드시 사진을 넣고, 영문 이력서에는 사진을 잘 넣지 않습니다. 일본에서는 일반적으로 이력서에 반드시 사진을 넣기 때문입니다. 이름과 주소, 이메일, 연락처를 영문 및 해당 언어로 써넣습니다. 영문 주소는 포털 사이트에 '영문 주소'라는 키워드를 넣으면 자신의 주소를 영문 주소로 바로 변환해 주는 창이 나타나니 참고하시길 바랍니다.

'스카이프(Skype)' 주소도 써놓는 편이 좋습니다. 외국 클라이언트들은 종종 스카이프로 연락하는 때도 있기 때문입니다. 번역할 때 사용하는 다양한 'CAT TOOL' 프로그램 중에 자신이 어떤 프로그램을 사용할 줄 아는지 반드시 기재하시길 바랍니다. CAT TOOL이란, 자신이 번역한 내용을 모두 기억하여 이후에 번역할 때 활용할 수 있게 도와주는 프로그램입니다. 외국 클라이언트에게 받는 일은 CAT TOOL 사용을 요구하는 때가 많습니다. 최신 버전 '트라도스 스튜디오(Trados Studio)'를 사용할 줄 알면 큰 문제는 없을 것입니다.

자신의 특기 분야도 적습니다. 분야에는 게임, 관광, 매뉴얼, 경제, 사회 등이 있습니다. 나머지는 한국어 이력서와 비슷합니다. 다만, 영어 이력서의 경우, 해당 분가야별로 카테고리를 나누어 이력을 쓰거나, 오래된 이력부터가 아닌 최신 이력부터 알기 쉽게 써넣기도 합니다. 최대한 해당 나라 스타일대로 쓰면 제일 무난합니다.

자신이 하는 외국어는 일본어인데 영문 이력서가 왜 필요한지 궁금하실 겁니다. 번역은 너무나도 글로벌한 분야이기 때문에 해당 언어를 사용하는 국가가 아닌 제3국에서 일본어-한국어 번역 일감을 받는 경우도 종종 있습니다. 저만 해도 태국, 대만, 미국 등에서 일본어-한국어 번역 일감을 받아 일한 경험이 있습니다. 언제 어느 나라에서 일이 들어올지 아무도 모릅니다. 그러니 찾아오는 기회를 놓치지 않게 미리 철저히 대비하도록 합니다.

• 영문 이력서 예시 •

RESUME

Translator
Name : oooooo
Nationality : South Korea
Address : oooooooo
E-mail : oooooo@oooo.com
skype : ooooooo
CAT tool : Trados 20xx
Specialization : Games, Cosmetics, Guides

Career Highlights

Game

Dec 20xx - ooo Adventure
Aug 20xx - ooo mania

Cosmetics

Mar 20xx - ooo Skin care
Feb 20xx - oooo beauty

번역 업체에 영업하기

이제 예쁘게 꾸민 이력서를 자신 있게 들고 번역 업체에 영업을 시작하면 됩니다. 영업이라고 해서 정장 입고 직접 회사로 찾아가 90도로 인사하면서 이력서를 들이미는 영업을 생각해선 곤란합니다. 우리는 회사 대 회사의 영업을 하는 게 아닌, 프리랜서로서 자신의 능력을 파는 영업을 하는 것입니다. 해야 할 일은, 컴퓨터 앞에 허리를 꼿꼿이 세우고 앉아서 이메일로 이력서를 보내는 것뿐입니다.

국내 번역 업체 영업하기

먼저, '당장 일감을 얻어야 하는 경우의 영업'과 '잠재적인 영업'으로 나누어 생각해야 합니다. 당장 일감을 얻고 싶은 경우에는 취업 사이트를 돌아봅니다. 어떤 취업 사이트를 돌아봐야 하냐고요? 당연히 다 돌아봐야 합니다. 알고 있는 취업 사이트가 다섯 곳이라면 다섯 곳을 다 돌아봐야 합니다. 취업 사이트를 돌아다니며 '번역', 'OO어 번역' 등의 키워드로 번역 일감을 검색합니다. 그러면 프리랜서를 모집한다는 회사가 한두 개, 많으면 서너 개 나옵니다. 이곳에 지원하면 됩니다. 물론 취업 사이트에 이력서를 등록해 놓고 원클릭으로 지원할 수 있는 시스템도 적극적으로 활용해야 합니다.

지금뿐만 아니라, 앞으로 계속 프리랜서 번역가로 살아가고 싶다면 잠재적인 영업을 꼭 해야 합니다. 잠재적인 영업은 그야말로 지금 당장은 일을 받을 수 없을지 모르지만 나중에 일감이 있을 때 연락을 달라는 의도의 영업입니다. 포털 사이트에서 '번역'을 키워드로 검색하면 수많은 번역회사가 나옵니다. 우리나라에 이렇게 많은 번역회사가 있었는지 깜짝 놀랄 정도입니다.

자, 천천히 그 번역회사들의 홈페이지를 하나하나 정성스레 방문합니다. 마치 신입 영업사원이 된 듯한 마음가짐으로 말입니다.

자신의 판단에 사기 업체라던가 수상한 업체가 아니라고 판단되면 번역회사 홈페이지의 '프리랜서 모집·채용란'을 찾아봅니다. 프리랜서 모집 공고를 보고 사이트에서 원하는 형식에 맞추어 신청서를 보내거나, 모집하는 이메일, 문의 이메일로 메일을 보내면 됩니다.

이때 메일을 보내는 형식이 중요합니다. 자신을 예쁘게 꾸며서 '제 능력을 사주십시오'라고 어필하는 메일인 만큼, 인사말을 꼭 쓰고 자신의 이름과 어떤 이유로 메일을 보내게 되었는지 정중하게 쓰도록 합시다. 간혹 '프리랜서 모집한다고 해서 보냅니다. 잘 부탁드립니다'라는 한 줄만 써서 보내는 사람도 있다고 하는데, 이건 엄연한 영업입니다. 첫인상이 좋아야 합니다. 최대한 상대방의 기억에 남도록 정중한 느낌으로 정성껏 작성해서 메일을 보내야 합니다.

잠재적인 영업이든 취업 사이트를 통한 영업이든, 메일을 보낸 이후에 서류 심사에서 통과되면 대부분의 번역회사에서 답변을 보내옵니다. 서류가 통과되지 않으면 안타깝게도 답변을 보내오지 않는 경우가 대부분입니다.

하지만 우리는 을이니까 너무 서러워하지 말고 다른 기회를 빨리 다시 찾는 것이 정신 건강에 좋습니다.

이런 영업 활동은 번역을 시작하는 초보자뿐 아니라 현직 번역가들도 끊임없이 하는 작업입니다. 저만해도 번역을 시작한 이래 '하루도 빠짐없이 하루에 세 번 이상' 취업 사이트를 꼭 둘러보고 있습니다. 우리는 일이 언제 떨어질지 모르는 프리랜서입니다. 다람쥐가 겨울을 대비해 도토리를 모으듯 우리는 끊임없이 일감을 모으고, 영업해야 합니다.

자신의 능력이 누구 못지않게 출중해서 가만히 있어도 일이 쏟아져 들어오지 않는 한, 이러한 노력 없이 프리랜서로서 살아남을 수 없습니다.

해외 번역 업체 영업하기

번역가는 외국어를 잘하는 사람입니다. 외국어를 잘하는 사람이 국내 시장에서만 활약한다면 정말 아까운 일입니다. 왜냐고요? 한국어를 영어로 번역하는 일이 있다고 합시다. 그리고 완성된 영문 번역문은 미국인들이 볼 광고문입니다. 이 경우, 당신이 클라이언트라면 과연 한국인에게 번역을 맡기겠습니까, 미국인에게 번역을 맡기겠습니까? 과연 미국인이 보기에 자연스러운 영어를 한국인이 더 잘할까요, 미국인이 더 잘할까요? 조금만 생각해 보면 답이 나옵니다. 과연 국내에 한국어를 영어로 번역하는 미국인 네이티브 전문 번역가가 몇 명이나 될까요?

국내에서 이뤄지는 번역 중, 도착어가 한국어면 한국어를 할 줄 아는 번역가들이 국내에 너무나도 많기에 남들과 차별되는 큰 장점은 못 됩니다. 그러나 해외 시장에서는 한국어를 네이티브 레벨로, 그것도 센스있게 '번역'을 할 줄 아는 사람은 드물기에 기본적으로 인기가 많고, 단가도 높습니다. 그러니 이런 장점을 활용하기 위해서라도 국내 시장만 바라보지 말고 반드시 자신이 담당한 외국어의 현지 시장도 꼭 살펴보는 게 좋습니다. 여기서는 제가 맡은 일본 시장을 중심으로 이야기를 풀어나가겠습니다.

다행히 일본은 인터넷이 잘 발달한 나라입니다. 일본에 직접 가지 않아도 인터넷을 통해 충분히 번역 일을 구할 수 있습니다. 먼저, 일본의 제일 큰 포털 사이트인 야후 재팬(http://www.yahoo.co.jp)에 접속해서 잠재적인 영업을 할 때와 마찬가지로 '번역' 등의 키워드로 검색합니다. 물론 일본어로 검색해야 합니다.

그러면 번역회사들이 꽤 많이 나옵니다. 여기서부터는 국내 영업과 똑같습니다. 하나씩 프리랜서 채용 정보를 확인한 뒤 정중하게 메일을 보내면 됩니다. 이때, 반드시 '일본어 이력서를 첨부'해야 합니다. 한국어 이력서를 보내본들 아무런 소용이 없습니다. 일본은 메일 비즈니스가 굉장히 엄격한 나라이니, 메일을 보낼 때는 일본식 비즈니스 매너를 반드시 참고하여 보내도록 합시다.

당장 한국인 네이티브 번역가를 구인하는 회사에 영업하고 싶다면 국내 영업과 마찬가지로 일본의 취업 사이트를 통해 알아보면 좋습니다. 이때, '재택'이라는 키워드를 넣으면 좀 더 찾아보기 쉬워집니다.

일본 외의 국가에서도 저는 종종 번역 의뢰를 받습니다. 대만, 미국, 이집트에서도 의뢰가 옵니다. 어떻게 그럴 수 있냐고요?

'프로즈 닷컴(ProZ.com)'이라는 사이트가 있습니다. 전 세계 번역가와 번역회사가 모여 있는 사이트입니다. 이곳에는 매일 새로운 번역 일감들이 올라옵니다. 다만, 유료회원으로 등록해야 그 정보들을 더욱 효율적으로 받아볼 수 있고, 일감을 먼저 얻을 수 있습니다. 유료회원이 아니라면 일감이 올라오고 한참 후에나 일감 내용을 확인할 수 있습니다. 스피드가 중요한 번역 업계에서 이는 큰 문제가 됩니다. 이미 버스가 떠나고 없는 상황이 되는 것입니다. 그러니 되도록 유료회원으로 가입할 것을 권합니다.

저는 매년 유료회원으로 가입하는데, 일본어-한국어 일감이 1년에 몇 번밖에 올라오지 않음에도 불구하고 한 번도 본전을 뽑지 못한 적이 없습니다. 일감이 올라오지 않아도 번역회사가 가입회원의 프로필을 검색해서 개인적으로 일을 의뢰하는 때도 종종 있습니다. 물론, 이때의 커뮤니케이션은 모두 영어로 하게 되니 기본적으로 간단한 영어 정도는 읽고 쓸 줄 알아야 합니다.

번역 업체 미팅 나가기

대부분 업체는 이메일로 모집 공고를 내고 이메일로 사람을 뽑으며 이메일을 통해 커뮤니케이션하고 일을 합니다. 하지만, 취업 사이트 등에 모집 공고를 내고 "얼굴 한 번 보고 얘기해보고 싶습니다"라고 미팅을 제안하는 업체도 있습니다. 공교롭게도 얼마 전에 이런 전화를 받았고, 마침 오늘 업체에 다녀왔습니다.

평소에는 외출할 일이 없는 프리랜서 번역가에게 업무적인 외출은 정말 큰 일입니다. 왜냐하면, 프리랜서 번역가 중에서는 외출을 싫어하는 사람이 많기 때문입니다. 왜 그런지는 알 수 없습니다. 일종의 번역가들의 습성이라고 생각합니다. 물론, 안 그런 번역가들도 있겠지만요. 게다가 알지 못하는 동네에 잘 알지 못하는 사람을 만나러 가는 일은 꽤 스트레스가 됩니다. 하지만 우리는 가야 합니다. 먹고 살아야 하기에, 돈을 벌어야 하기에!

이런 미팅을 하러 갈 때, 뭘 입고, 화장은 어떻게 해야 하는지 고민이 되겠지요. 생전 처음 하는 미팅이라면 더더욱 그럴 것입니다. 일종의 면접과도 같으니 면접 정장을 입어야 하나? 라는 생각할 수도 있습니다.

하지만 너무 힘을 줄 필요는 없습니다. 제일 추천하는 스타일은 '결혼식 하객 스타일'입니다. 점잖고 깔끔하지만, 너무 딱딱한 정장은 비추천입니다. 단정하지만, 최대한 예쁘고 멋지게 자신을 꾸미는 걸 추천합니다. 어째서 예쁘고 멋지게 꾸며야 하냐고 묻는다면, 그 자리는 자신의 매력을 보이고 능력을 팔러 가는 자리이기 때문입니다. 당신이 클라이언트라면, 후줄근하고 민낯에 가까운 얼굴로 온 사람과, 단정하지만 너무 힘주지 않은 말끔한 화장을 한 사람 중에 어떤 사람에게 호감이 가겠습니까? 최대한 자신을 단정하고 예쁘게 포장하는 일이 중요합니다.

약속 시각에 늦지 말아야 함은 당연한 일입니다. 미팅이 있던 오늘, 저는 1시에 일산에서 약속이 있었습니다. 그래서 9시에 일어나 10시에 출발했습니다. 일산에서 집까지는 약 1시간 40분. 그럼 2시간 정도만 잡으면 충분하지, 3시간이나 잡아야 하느냐고 하실 수도 있습니다.

미팅 상대가 출판사일 경우, 엄청나게 규모가 큰 출판사가 아닌 이상, 대부분의 출판사는 건물이나 사무실에 커다란 간판을 걸지 않는 경우가 대부분입니다. 단서는 오직 주소 한 줄 뿐. 한 번도 가본 적 없는 지역, 간판도 없는 곳을 처음 찾아가는데 길을 안 헤맬 자신이 있으신가요? 저는 이런 미팅이 있을 때마다 최소한 1시간 전에는 약속 장소 주변의 카페에 자리를 잡습니다. 시간 약속이 매우 중요한 프리랜서 번역가가 만약 지각한다면, 클라이언트에게 신뢰감을 주기 어렵지 않을까요.

카페에 앉아 그날 미팅할 출판사나 업체에 대한 정보를 인터넷으로 수집합니다. 기본적인 정보를 수집한 뒤 약속 장소로 갑니다. 노크하고, '몇 시에 약속을 잡은 누구입니다'라고 소개하면 회의실 같은 곳으로 안내받습니다.

잠시 뒤에 이야기를 나눌 클라이언트가 들어옵니다. 보통 자신이 제출한 이력서를 함께 프린트해오는 경우가 많습니다. 아직은 100% 그랬습니다. 이력서를 바탕으로 업무와 관련된 경력에 관해 이야기를 나눕니다. 이때 전혀 긴장할 필요는 없습니다. 우리는 외주를 받는 입장이지 그 회사의 사원으로 채용되기 위해 만난 건 아니니까요. 그러나 클라이언트와의 1:1 관계로 이야기를 진행하려 노력해도, 우리는 '을'의 입장이기에 어쩔 수 없이 '일을 주시기만 하면 열심히 하겠습니다'라는 분위기가 되고 맙니다. 너무 주눅 들거나 굽신거리지 말고, '자신감'을 표출하는 것이 중요합니다. 번역가는 모두가 알다시피 혼자서 일하는 직업이기 때문에 평가받을 기회가 적으며, 나를 인정해 주는 동료라는 존재 자체가 매우 적습니다. 그래서 자신의 실력에 '자신감'을 가지기 어려울 수도 있으나, 이때만큼은 자신의 실력에 자신감을 가져야 합니다. 생각해 봅시다. 자신의 실력을 팔기 위해 방문했는데, "제 실력이 미천해서······."라고 말하면 누가 그 사람에게 일을 시키고 싶을까요? 적어도 업체와 미팅할 때만큼은 자신 있게

"제가 이 일을 할 수 있습니다. 맡겨주십시오"

라는 자신감 있는 태도를 가져봅시다.

미팅을 마친 뒤 바로 일을 맡기기도 하고, 좀 더 시간을 두고 일을 맡기는 예도 있습니다. 보통 바로 일을 맡기는 경우는 그 미팅이 성공적이었을 때입니다. 클라이언트가 나를 신뢰한다는 증표이기도 합니다. 좀 더 시간을 두고 일을 맡길 때는 다른 경쟁자와 나를 두고 선택을 고민했을 수도 있고, 일을 진행하기에 앞서 인력 확보를 위해 만나봤을 수도 있습니다. 모처럼 방문을

했는데 일을 받지 못하는 때도 있을 것입니다.

    번역가의 시간은 귀합니다. 알지도 못하는 먼 곳까지 일도 하지 않고 왔다 갔다 했다면, 그만큼의 수확이 있어야 합니다. 그러니, 업체와의 미팅이 잡히면 심기일전하고 가서 클라이언트의 신뢰를 얻고 일을 따오도록 합시다. 아무런 수확이 없으면 그날의 시간이 너무 아까우니까요. '시간=돈'이니까요.

샘플 테스트

샘플 테스트는 실무능력 평가라고도 할 수 있습니다. 서류통과가 그동안의 경험을 평가한다면, 샘플 테스트는 "자, 진짜 실력을 한 번 보여주시죠!" 하는 느낌입니다. 경력이 부족해 아슬아슬하게 서류통과가 되었다 하더라도, 샘플 테스트를 잘 통과하면, 이후에는 떳떳하게 한 명의 번역가로서 회사에 등록됩니다.

샘플 테스트는 보통 A4용지 1~3장 정도의 분량으로 옵니다. 형식은 회사마다 제각각입니다. 워드 파일로 보내는 회사도 있고, 엑셀, 한글 파일로 보내는 회사도 있습니다. 그러니 MS 오피스와 한글 프로그램 정도는 반드시 자신의 PC에 가지고 있어야 하고 사용 방법도 잘 알고 있어야 합니다. 몇 분 안에 하라는 식으로 시간제한이 있기도 합니다. 이때는 꼼꼼히 시간 내에 테스트를 완료해서 보내면 됩니다. 시간제한 없이 마감 날짜만 정해져 있을 때는 최대한 공을 들여서 기한에 맞추어 제출하면 됩니다.

샘플 테스트를 통과하면 번역회사에 프리랜서로 등록됩니다. 하지만 샘플테스트를 완료해서 보내는 순간, 샘플 테스트에 관한 건 잊어버리는 편이 좋습니다. 샘플 테스트 결과만을 기다리며 다른 업체에 대한 영업을 소홀히 해선 절대 안 됩니다. 그건 시간 낭비입니다. 되도록 많이 샘플 테스트를 보고 합격하여 많은 번역회사에 프리랜서로 등록되어야 더 많은 일을 받을 수 있습니다. 너무 많은 샘플 테스트에 통과해 일들이 막 몰아닥칠까 두려우신가요? 그건 적어도 50군데 이상의 업체에 등록된 다음에 생각해 볼 문제입니다.

 샘플 테스트를 통과해도 그 업체에서는 당장 일을 주지 않을 확률이 높습니다. PM에게 왜 일이 없냐고, 언제 일을 줄 거냐고 전화하지도, 메일을 보내지도 마십시오. PM은 집에서 혼자 자유롭게 작업하는 우리 프리랜서들과는 달리, 아침부터 지옥철을 타고 출근해서 사람들과 부딪히며 일하고 많은 서류를 살펴보아야 하는 회사원입니다. 우리의 문의 전화, 메일 이외에도 할 일이 많은 사람입니다. 일감을 받기 위해서는 PM의 관심이 필요한데, 안 그래도 바쁜 PM을 귀찮게 만드는 건 좋지 않습니다.

 아무리 기다려도 기다리는 번역 일감이 오지 않을 수도 있습니다. 이럴 때 번역 일감이 오지 않는 이유는 다음과 같습니다.

 첫 번째 이유. 해당 업체에 당장 당신의 언어 페어의 일감이 없는 경우입니다. 우리나라에 번역 업체가 몇 개인지는 모르겠지만 여하튼 참 많습니다. 번역을 의뢰하고 싶은 회사가 수많은 국내 번역회사 중 당신이 등록된 업체에 번역을 의뢰할 확률은 얼마나 될까요? 해당 업체도 번역이 필요한 사람에게 의뢰를 받아야만 일을 진행할 수 있으니 어쩔 수 없습니다. 두 번째 이유는 해당 업체에 이미 메인 번역가가 있어, 당신에게까지 순번이 넘어가지 않는 경우입니다.

일반적으로 번역회사에는 일감이 들어올 때 분야별로 또는 언어별로 제일 먼저 일감을 수주하는 메인 번역가가 있기 마련입니다. 그들은 기존에 오랫동안 해당 업체와 일을 해왔을 확률이 높으며, 이미 검증된 실력을 갖추고 있습니다. 당신이 번역회사의 PM이라면, 이제 막 번역가로 등록한 경력이 얼마 없는 초보와 별문제 없이 거래를 계속 해왔으며, 단가도 적당하고 경력도 풍부한 기존 번역가 중 누구에게 일을 맡길까요? 생각해 보나 마나입니다.

하지만 이래선 2순위, 3순위, 새로 등록한 번역가들이 어떻게 번역 일감을 맡게 되냐고 하실 수 있습니다. 참 다행히도, 번역회사에는 일이 하나만 들어오지 않습니다. 동시에 많은 일이 들어오기도 하지요. 그때 1순위 번역가가 작업 중이라면 2순위 번역가에게, 2순위 번역가가 다른 업체 일정 때문에 바쁘다면 3순위 번역가에게……. 이런 식으로 일이 뒷순위로 넘어갑니다.

그러다가 신진 번역가에게까지 일이 가기도 합니다.

　이런 시스템에 너무 좌절하지 마시길 바랍니다. 언젠가는 당신도 번역회사의 메인 번역가가 될 수 있습니다. 저도 처음에는 예비군 끝자리에 있었으나, 지금은 메인 번역가를 맡은 곳이 꽤 됩니다. 다들 그렇게 성장해 나가는 것이니, 힘을 내서 꾸준히 노력합시다.

실전 번역 업무 과정에 대하여

번역가의 비밀유지

프로젝트를 시작하기 전에 비밀유지 계약서를 작성하는 업체가 꽤 많습니다. 정보화 시대인 만큼, 정보 보안 유지가 중요하기 때문입니다. 번역해달라고 맡겼는데, 번역하는 과정에서 자료의 내용이 외부로 새어나간다면 그것처럼 위험한 일은 없을 것입니다.

특히, 게임 번역이나 계약서 번역의 경우, 비밀 유지가 너무나도 중요합니다. 게임 번역은 게임 내 태그나 스토리 등을 모두 포함하고 있으므로 번역물의 노출은 그야말로 그 회사의 기술이 노출되는 것이나 마찬가지입니다. 계약서의 경우에도 자신들이 어떠한 내용으로 계약을 맺었는지 비밀 유지가 필요합니다. 그러니 번역가는 번역 작업을 할 때 자신이 어떤 게임을 번역하고 있는지, 어떤 내용의 계약서를 번역하고 있는지에 대해 발설해서는 안 됩니다.

도서 번역의 경우, 해외 저작물을 독점 계약으로 판권 수입하는 경우가 많습니다. 그렇기에 출판도 되기 전에 그 내용이 누설되면 절대 안 되겠죠. 번역가의 입이 얼마나 무거워야 할지, 조금 짐작해 볼 수 있을 것입니다. 번역가는 번역물에 대한 책임감을 느끼고, 비밀유지를 하며 보안에 신경 써서 작업해야 합니다.

번역회사에서 원하는 번역가

번역회사의 예쁨(?)을 받아 일감을 많이 받는 번역가가 되기 위해서는 어떻게 하면 좋을까요?

일단 PM이라는 존재에 대해서 알아보겠습니다. PM은 번역 업체의 '프로젝트 매니저(Project manager)'입니다. 클라이언트에게 일감을 받아 그 일감을 번역가에게 나누어주고 리뷰하는 등 해당 일감을 처음부터 끝까지 관리합니다.

번역회사에서 원하는 번역가가 되기 위해서는 PM을 귀찮게 하지 말아야 합니다. 앞서 한 이야기와 일맥상통합니다. PM은 바쁩니다. PM에게 일거리가 없냐는 등의 연락은 자제하도록 합시다. 우리에겐 부장님도 대리님도 없지만, 그들은 부장님도 대리님도 상대해야 하는 회사원입니다. 그들이 당신에게 일감을 주기 싫어서 주지 않는 경우는 거의 없습니다. 당신에게 맡길만한 일감이 있으면 분명 연락을 합니다.

PM에게 연락이 오면 가능한 2시간 안에는 답장을 하는 편이 좋습니다. PM이 번역가에게 일감을 맡기는 시간도 최종 클라이언트가 번역 업체에서 준 한정된 시간일 수 있기 때문입니다. 그러니 평소에 좋은 일을 많이 주는 PM이나 업체에서 메일이 오면 언제나 핸드폰에 알람이 울리게 설정해 둡시다. 되도록 빨리 확인한 후, 자신이 이 업무를 할 수 있는지 없는지 알려주어야 합니다. 그래야 당신이 일감을 맡을 수 없더라도 PM은 다른 사람에게 일감을 줄 수 있기 때문입니다.

PM이 준 파일에 그래프나 도표가 들어있을 경우, 새로 만들어야 할 때도 있습니다. 이런 경우, 그래프나 도표 만드는 방법을 모른다면 PM에게 문의하지 말고 인터넷을 검색하거나 주위 사람들에게 물어보거나 하는 방법으로 스스로 처리하도록 합시다. 이 이야기도 앞서 언급했지만, 무척 중요하고 잊어서는 안 되는 내용입니다.

PM이 보내온 번역물을 깔끔하게 번역하고 나면, 반드시 정해진 납품기한에 제출합니다. 납품기한을 어기는 것만큼 큰일은 없습니다. 납품을 끝내면 PM도 클라이언트에게 납품하기 위한 리뷰 등의 작업을 진행해야 하니 당신의 납품이 늦어지면 PM

이 곤란해질 가능성이 큽니다. PM에게 잘못 보이게 되면 앞으로 일감을 얻는 데 지장이 있으니 반드시 납품기한을 잘 지켜야 합니다.

이러한 몇 가지 사항만 잘 지키면 별문제 없는 번역가로 인정받을 수 있을 것입니다. '신속한 연락 확인'과 '깔끔한 일 처리', '정확한 납품', 이 세 가지가 제일 중요합니다.

의역과 직역

いつまで家で待ってればいいのかな？

여러분은 이 문장을 어떻게 해석하겠습니까?
'언제까지 집에서 기다리면 좋은 걸까?'
일반적으로 일본어 공부를 하신 분들은 위와 같이 해석합니다.
조금 다듬어 보면,
'언제까지 집에서 기다려야 하는 걸까?'
정도가 됩니다. 원문에는 '하는 걸까'라는 말이 없습니다. 사전적으로 いい에 '하다'라는 의미가 없으니까요. 하지만 처음에 해석한 문장만으로는 의미가 제대로 전달이 안 됩니다.

이렇게 원어의 의미를 훼손하지 않으면서 읽는 사람이 더 자연스럽게 받아들일 수 있는 번역이 '의역'입니다. 의역에서는 자연스러움과 명확한 뜻 전달을 위해 주어나 목적어를 추가하기도 합니다. 반면 번역된 말이 조금 덜 자연스럽더라도, 원어의 의미를 되도록 정확하게 전달하는 번역이 '직역'입니다.

직역과 의역 중에서 어떤 것을 선택해야 하는지는 상황에 따라서, 번역하는 사람의 스타일에 따라서 다릅니다. 직역이 필요한 순간이 있고, 의역이 필요한 순간이 있습니다. 어느 쪽을 더 많이 선택하냐고 묻는다면 저는 의역을 더 많이 하는 편입니다. 왜냐하면 저는 관광과 게임을 전문으로 하기 때문입니다.

게임 내에는 캐릭터의 대사가 많습니다. 그리고 시스템 에러 메시지도 매우 많습니다. 시스템 에러 메시지의 경우, 그 나라에서 기존에 쓰이고 있는 에러 메시지가 어떤 내용인지에 대해 미리 알고 있으면 번역하기 쉽습니다. 예를 들어,

問題が発生したためPCを再起動する必要があります

라는 문장을 직역하면

'문제가 발생하였기 때문에 PC를 재기동할 필요가 있습니다'

라는 문장이 됩니다만, 한국의 컴퓨터 환경에서는 이런 문구가 부자연스럽습니다. 오히려

'PC에 문제가 발생하여 다시 시작해야 합니다'

라는 문구가 좀 더 일반적으로 쓰입니다. 이러한 시스템 오류 문구라든지, 우리나라 게임 내에서 일반적으로 쓰이는 문장들을 기억해 두었다가 번역할 때 활용하면 더욱 자연스러운 의역을 할 수 있게 됩니다. 관광 안내서도, 우리나라 관광지에서 잘 쓰이는 말들을 기억해 두었다가 활용하면 좋습니다.

물론 직역이 요구될 때도 있습니다. 더욱 정확하게 내용을 전달할 필요가 있고, 원문의 느낌을 살려야 하는 경우입니다. 클라이언트에게 직역을 요청받는 일도 있습니다. 하지만 클라이언트가 특정 스타일을 요구하지 않는 이상, 직역을 하느냐 의역을 하느냐는 온전히 번역가의 판단으로 이뤄집니다. 어떤 식으로 원문을 세상에 내보낼지, 번역가는 고민하게 됩니다.

이러한 고민 또한, 번역가의 가슴 두근거리는 작업 중 하나라고 생각합니다.

번역투 없애기

일본 애니메이션이나 만화가 많이 수입되다 보니, 일본어 문체를 그대로 번역한 경우도 많습니다. 이러한 '번역투'는 어떻게 없앨 수 있을까요?

저도 실력이 뛰어난 대 번역가가 아니다 보니 번역을 이렇게 해라, 저렇게 해라 말씀드릴 순 없지만, 제가 평소에 번역투를 없애기 위해 조금 신경 쓰는 부분에 관해서 이야기해 보겠습니다.

먼저, 수동태를 잘 쓰지 않으려고 노력합니다. 수동태는 문장을 부자연스럽게 만드는 큰 요소입니다. 수동태를 자연스러운 문장으로 바꾸면 주어가 바뀌는 경우가 더러 있으나, 수동태를 꼭 써야만 하는 특수한 상황을 제외하고는 수동태를 쓰지 않고 자연스러운 문장을 쓰는 편이 더 좋습니다.

'한국어 글쓰기'에 관련된 책도 많이 보는 편입니다. 『번역투의 유혹』과 『번역자를 위한 우리말 공부』가 큰 도움이 되었습니다. 『내 문장이 그렇게 이상한가요?』라는 책도 추천해 드립니다. 20년간 교정을 보고 계신 김정선 선생님께서 쓰신 책인데, 이 책을 읽고 자신의 번역물을 살펴보면 어디가 어떻게 잘못되어 있는지 쉽게 알 수 있어 참 좋아하는 책입니다.

아무래도 국문학과를 나오지 않은 이상, 우리말을 깊게 공부할 기회가 많이 없으니, 이런 책들을 통해서 주로 공부를 합니다. 요새는 이런 글쓰기 책들이 많이 나와 있어 마음만 먹으면 쉽게 공부할 수 있습니다. 한겨레 문화센터 같은 교육 기관에서 글쓰기나 우리말 강좌 수강하기도 좋은 번역가가 되는 하나의 방법이라고 생각합니다. 방법은 다양하니, 노력하다 보면 읽는 사람이 번역문을 번역문으로 느끼지 않고 자연스러운 한국어 문장으로 느낄 수 있는 경지에 오르게 될 겁니다.

관광 번역의 팁

관광지에 가면 해당 관광지에 대한 안내문이 있습니다. 안내문은 일본어, 한국어, 영어, 중국어로 번역된 경우가 대부분입니다. 저는 주로 일본에 있는 일본어 관광 안내문을 한국어로 번역합니다. 관광지 안내문을 번역하면 해당 관광지의 유래 등에 대한 정보를 잘 알 수 있습니다. 지식도 덤으로 얻게 되는 셈이지요. 그 지식이 다른 번역을 하면서 한 시간 뒤에 머릿속에서 사라지는 게 문제이긴 합니다.

관광지에서는 몇 년에 지어졌다는 등의 연도 표기도 많으므로 숫자를 틀리지 않고 정확히 표기해야 합니다. 숫자 하나라도 틀리면 잘못된 정보를 전달하게 됩니다. 관광지에 대한 올바른 정보를 정확하게 전달하는 것은 번역가의 사명이라고 생각합니다.

저는 관광지의 정보를 번역할 때 어떻게 하면 한국인이 '자연스럽게' 읽을 수 있을까에 대해 고민하면서 번역합니다. 처음부터 한국어로 안내문을 쓰는 것이 아니니, 원문과의 괴리 좁히기가 관건이 되곤 합니다. 되도록 자연스럽게, 처음부터 한국어로 쓴 듯한 글을 쓰자는 것이 제 목표입니다. 관광지 정보 번역은 최대한 보편적인 뉘앙스로 써야 합니다. 불특정 다수를 대상으로 한 글이기 때문입니다. 누가 읽더라도 이해할 수 있는 글로 간결하게 써야 합니다.

게임 번역의 팁

제 전문인 게임, 관광, 안내문 번역은 번역 텍스트가 실제로 완성된 형태가 굉장히 중요합니다. 줄 바꿈이라던가, 강조 표시, 대사의 뉘앙스도 매우 중요합니다. 저는 게임 번역을 할 때 해당 게임의 일본어판을 몇 번 즐긴 뒤에 번역합니다. 단순히 게임을 즐기기만 했을 때는 그저 스토리에 몰입해 게임 속 텍스트를 보고도 아무렇지도 않게 지나칩니다. 하지만 '이걸 직접 한국어로 번역한다면……"하고 생각하면 한 단어 한 단어 곱씹게 되고 아주 색다르게 다가옵니다.

  저는 스토리가 있는 'MMORPG 게임'을 주로 번역합니다. 이런 게임은 주로 사용자가 캐릭터 명을 만들며, 그 캐릭터 명 뒤에 대사가 오는 경우가 많습니다. 캐릭터 명이 어떤 식으로 작명되느냐에 따라 조사 '은/는'이 달라지므로, 게임 번역에서는 이런 점을 고려해서 신중히 번역해야 합니다. 일반 문서번역에는 없는 게임 내에서 쓰이는 태그(게임 내 시스템 신호나 글자의 형태 등을 변경할 때 쓰이는 코드)도 텍스트 옆에 붙어있는 경우가 많은데, 이런 태그들도 신경써서 번역해야 합니다. ⟨br⟩ 같은 기본적인 태그들은 무슨 뜻인지 파악해 두는 편이 작업하기에 수월합니다.

  게임 내의 세계관도 잘 파악해야 합니다. 게임의 세계관은 17세기, 19세기인 경우도 있고, 드래곤이나 요정이 등장하는 판타지인 경우도 있습니다. 현대 세계관에 좀비가 등장하는 경우도 있습니다. 이런 세계관은 평소에 판타지 소설이나 게임을 즐기는 사람에게는 친숙하겠지만, 반지의 제왕이나 해리포터로밖에 판타지물을 접해보지 않은 사람은 잘 이해 못 하는 때도 있습니다.

영문으로 된 아이템도 꽤 많이 등장합니다. 영문으로 되어 있다고 해서 '롱소드'를 '긴 칼'로 번역해서는 안 됩니다. 보편적으로 알려진 게임 아이템에는 어떤 종류가 있는지 파악하고, 게임 사용자들에게 조금이라도 더 친숙한 아이템명으로 번역하는 센스가 필요합니다.

이런 번역 업체는 피하자

저는 다행히 이상한 업체라고 해야 할지, 불량 업체를 만나본 경험이 아직은 없습니다. 하지만 프리랜서 번역가 커뮤니티를 조금만 살펴보면, 업체에서 돈을 떼였다는 얘기를 심심치 않게 들을 수 있습니다.

우리는 보호를 탄탄하게 받지 못하는 프리랜서이기에, 자신의 밥그릇은 자신이 챙겨야만 합니다. 그러니 '이상한 업체'를 구별해내는 분별력이 필요합니다. 하지만 안타깝게도, 어떻게 이상한 업체를 분별할 수 있는지 아무도 가르쳐 주지 않습니다.

일단 제가 생각하는 '그다지 추천하고 싶지 않은 업체'에 대해서 이야기해 보겠습니다. 뭐니 뭐니 해도 제일 첫 번째로 꼽는 비추천 업체는 번역료를 주지 않는 업체입니다. 말끔하게 작업해서 번역물을 넘겼는데, 번역료를 체납하거나, 연락을 끊어버리는 업체들이 있다고 합니다. 보통 고객사에서 번역료를 업체에 지급하지 않아서 자신들도 번역료를 줄 수 없다는 식으로 나오는 경우가 많습니다. 이런 업체들은 번역가 커뮤니티나 번역 사기 피해 카페에 소문이 나 있는 경우가 많으니, 커뮤니티에서 정보를 얻는 것도 좋은 방법입니다. 일을 맡기 전에 뭔가 기분이 찜찜하면 조사를 철저히 해서 피해를 방지하시기 바랍니다. 혹여나 사기를 당하더라도 프리랜서 번역가는 고용노동부의 실질적인 도움을 받기 어려운 경우가 많아서, 소송을 통해 해결해야 할 수도 있습니다.

리뷰나 감수를 하지 않는 업체도 그다지 추천하지 않습니다. 번역물을 훑어보지도 않고 번역가가 보낸 파일을 클라이언트에게 그대로 보내면서 책임을 모두 번역가에게 돌린다면, 번역회사가 하는 역할이 부족한 것 아닐까요. 번역가가 최선을 다해서 작업한 번역물을 번역회사가 한 번 더 검토함은 당연한 일이라고 생각합니다. 그래야만 의도치 않은 실수를 잡아내어 번역의 질을 올릴 수 있으며, 서로 협력하며 더욱 좋은 번역물을 만들어 나갈 수 있습니다.

말씀드린 두 종류의 업체 이외에도, 번역가를 하인처럼 무시하는 업체, 번역료를 턱없이 낮게 주는 업체는 피해야 합니다. 프리랜서는 자신을 스스로 존중해야만 하는 사람이니까요. 자신의 권리는 스스로 찾아야 합니다.

자신이 할 수 있는 번역, 하지 못하는 번역

　일본어는 영어와 비교하면 일감이 많지 않습니다. 저는 일감이 들어오면 웬만하면 다 받아서 하는 편입니다. 이전부터 게임을 좋아했으며 게임 운영자로 일한 경험도 있어서 게임 용어들이 매우 익숙합니다. 게임에서 어떤 용어들이 쓰이는지 잘 알고 있습니다. 덕분에 게임 번역을 전문으로 하게 되었습니다.

　하지만 평소에 전혀 게임을 하지 않는 번역가도 있습니다. 게임과는 거리가 먼 삶을 살다가 갑자기 게임 번역 의뢰가 온다면 어떻게 될까요? 제 주변에는 실제로 게임을 즐기지 않기에 어떤 식으로 번역해야 할지 전혀 감이 안 온다며 게임 번역을 피하는 번역가도 있습니다. 어떤 번역이든 괜찮다고 무작정 일감을 받아서 하다간 번역의 질이 떨어지게 되며, 번역의 질이 좋지 않은 상태로 납품하게 되면 신뢰도가 낮아집니다. 그러니 잘 알지 못하고 자신에게 생소한 분야는 웬만하면 일을 하지 않는 편이 나으며, 자신 있는 분야를 중점적으로 영업해야 합니다.

　관광 번역도 마찬가지입니다. 저는 안내문이나 팸플릿 읽기를 좋아합니다. 평소에도 안내문이나 팸플릿 속에 어떤 문장이 쓰이는지 잘 알고 있습니다. 관광 번역은 비교적 쉬운 문장이 많아서 게임 번역처럼 전문성이 높지는 않으나, 자신이 평소에 관심을 가지고 읽었던 좋고 자연스러운 문장을 번역으로 표현한다면 번역의 질이 올라갑니다.

반면, 제가 일감을 거절하는 번역, 잘하지 못하는 번역도 있습니다. 저는 특허 번역을 해본 적이 없습니다. 특허 번역은 전문 지식이 필요하다고 하는데, 안타깝게도 저는 특허에 대한 지식이 없습니다. 특허 번역에서 쓰이는 용어에 대해서도 잘 알지 못합니다. 그래서 어쩌다 특허 번역일이 들어오면 거절합니다. 일감이 들어와서 번역을 해도 클라이언트에게 실망을 안겨준다는 생각에 거절하고 있습니다.

그리고 또 하나는 일본 시장에서 잘 발달한 19금 소설이나 AV 번역입니다. 테스트 샘플을 받아본 적까진 있으나, 도저히 제가 감당할 수 있는 분야가 아니라서 거절했습니다.

이렇게 자신에게 맞는 분야를 찾아가는 과정이 중요합니다. 평소에 자신이 어떤 분야에 관심이 있는지 잘 생각해 보세요. 분명 자신이 좋아하고 익숙한 분야가 있을 겁니다. 이런 지식을 잘 녹여 번역으로 표현한다면 그 글은 독자에게 자연스럽고 익숙하게 읽힙니다.

당장 돈을 벌기 위해 자신이 잘할 수 없는 분야의 번역을 무조건 맡는 건 좋은 자세가 아닙니다. 적어도 클라이언트가 지급한 돈에 합당한 수준의 번역이 가능해야 합니다. 잘할 수 없는 분야를 맡아 번역했는데, 클라이언트가 지급한 금액보다 훨씬 질 떨어지는 번역을 한다면, 번역가에게도 좋지 않을뿐더러 클라이언트에게는 큰 실례가 됩니다. 일감이 없더라도 이것저것 닥치는 대로 다 받지 말고, 자신 있는 번역 위주로 일감을 받으면 향후 경력 관리에도 큰 도움이 됩니다.

단가를 너무 낮추진 말자

초보 번역가는 번역 아르바이트부터 시작하는 경우가 많습니다. 즉, 처음에는 아르바이트 단가로 일하게 됩니다. 아르바이트 비용은 시급인 경우도 있고, 건당인 경우도 있습니다. 시급으로 받으면 최저 시급 이상을 받아야 한다고 생각합니다. 물론 시급을 자신이 결정할 수는 없겠지요. 하지만 일은 고를 수 있습니다. 최저 시급보다 낮은 일감은 안 고르면 됩니다. 외국어를 한국어로 옮기는 번역은 전문적인 작업입니다. 그러니 그에 합당한 대가를 받아야 합니다.

만약에, 당신이 일이 너무 없어서 최저 시급 이하의 일을 수락한다면, 그건 자신의 능력 가치를 그만큼 떨어뜨리는 일이 될 뿐 아니라, 번역 시장 전체의 단가를 하락시키는데 일조하는 일이기도 합니다. 당장 본인이 손해 보는 것은 자신이 감당할 일이니 그러려니 할 수 있지만, 그 일을 선택함으로써 번역 시장의 단가가 낮아지고 다른 번역가들이 피해를 보게 되고, 번역이라는 일의 가치가 낮아지는 건 모두에게 좋지 않은 일입니다.

아무리 아르바이트로 하는 번역이라도 번역 시장의 기존 단가와 자신의 번역 실력의 가치를 고려한 뒤 그에 합당한 번역료를 주는 일감을 골라야 합니다.

자신의 번역에 자신감을 가지자

초보 번역가는 처음 번역물을 맡게 되면 굉장히 신중하게 번역을 합니다. 매우 좋은 태도입니다. 어떤 번역물을 대할 때든, 이러한 신중함을 잃어서는 안 된다고 생각합니다.

하지만 지나치게 신중히 처리해서 한 문장을 번역하는데 20분 이상이 걸리는 일도 있습니다. 이래도 되는지, 이렇게 번역하면 되는지 끊임없이 의심도 듭니다. 아무도 정답이라며 동그라미를 쳐주지 않으니, 막막합니다. 번역 업체에 납품한 뒤에도 피드백을 주는 경우가 많지 않으니 답답할 노릇입니다. 과연 이대로 번역을 계속해도 되는지 의문을 가지게 되고, 자신의 번역에 자신감을 잃게 될 수도 있습니다.

이런 경우, 조금 뻔뻔해져도 괜찮다는 말을 해드리고 싶습니다. 당신의 실력은 번역회사의 샘플 테스트와 서류 검증을 통해 이미 인정받았습니다. 그렇기에 일감을 맡을 수 있었겠지요. 당신의 실력은 이미 검증이 된 셈입니다. 그러니 너무 주눅 들지 않으셔도 됩니다.

또한, 번역에는 정답이 없습니다. 똑같은 문장이라도 번역가마다 다르게 번역 할 수 있습니다. 그렇기에 어떤 하나의 번역만이 정답이라고 딱 잘라 말할 수 없지요. 당신의 번역도 수많은 정답 중 하나입니다.

　그러니 자신감을 가지셔도 됩니다. 번역료에 합당한 질의 번역, 자신이 최선을 다한 번역을 했다면 그걸로 괜찮다고 생각합니다. 당신은 이미 번역회사가 실력을 믿고 일감을 맡긴 사람입니다.

번역 리뷰 잘하는 방법

　번역 업체에서 번역가에게 번역물을 맡기고 번역을 완료하면 '리뷰'라는 작업을 합니다. '감수'라고 생각하면 이해하기 쉽습니다. 리뷰작업은 번역 업체의 사내 번역가가 하는 때도 있고, 번역처럼 다른 번역가에게 리뷰 작업을 따로 주기도 합니다.

　리뷰 작업은 경력이 오래된 번역가가 하는 때도 많지만 꼭 그렇지만은 않습니다. 때로는 일본인이 번역한 한국어를 '네이티브 감수'로 한국인 번역가가 담당하는 때도 있으며, 경력에 상관없이 다른 번역가가 리뷰 작업을 맡는 일도 있습니다. 아무래도 자신의 실수는 스스로 발견하기 힘드니 다른 사람의 눈이 필요합니다. 그러니 번역 경력이 얼마 안 된 사람도 누군가가 작업한 번역물의 리뷰를 맡을 수 있습니다.

　만약 여러분이 리뷰 의뢰를 받아 일을 맡게 되면, 다음과 같은 점들에 유의하며 작업을 진행하면 됩니다.

　먼저, '원문과의 대조'입니다. 원문의 내용이 정확히 번역되어 의미 전달이 잘 되었는지, 빠진 내용이나 단어는 없는지 자세히 살펴봅니다. 그러다가 빠진 부분이 발견되었다면 번역가가 일부러

누락을 시켰는지, 빠뜨려도 괜찮은 내용인지, 반드시 필요한 내용인지 검토합니다. 글이 자연스럽게 읽히는지도 꼭 살펴보아야 합니다.

간혹 어떤 번역가는 원문을 너무 중시한 나머지 일본어 원문에 있는 쉼표를 번역문에도 같은 위치에 모두 넣곤 합니다. 하지만 일본어 문장 그대로 한국어에 쉼표를 넣으면 문장이 부자연스러울 수 있습니다. 일본어에는 띄어쓰기가 없어서 쉼표로 문장을 나누어주지만, 한국어에는 띄어쓰기가 있으니까요. 원문에 있는 쉼표를 그대로 쓰지 않고 적당히 줄이고 생략해야 합니다.

번역물을 읽는 사람은 원어를 대조하며 읽지 않는다는 점도 잊어선 안 됩니다. 번역문이라는 느낌이 들지 않고, 자연스러운 한국어 문장으로 읽혀야 합니다. 한 문장이 한 호흡에 자연스럽게 읽히는지, 몇 번씩 다시 읽거나 생각하지 않아도 쉽게 이해가 되는지, 부자연스러운 수동태는 없는지 확인합니다. 오·탈자와 맞춤법 검사는 기본입니다. 인터넷 맞춤법 검사기를 통해 맞춤법 검사를 하고, 오타가 있는지 확인하는 일은 리뷰의 기본 중의 기본이니 절대 빠뜨리면 안 됩니다.

보통 리뷰 단가는 번역 단가의 절반 정도 됩니다. 참 짜지요. 그래서 리뷰 작업을 꺼리는 번역가도 많습니다. 돈도 안 될뿐더러,

자신이 처음부터 말끔하게 번역하는 편이 속 시원하지, 남의 문장 고치는 일은 자신의 성격에 맞지 않는다는 번역가도 있습니다. 이 또한 사람의 성향에 따라 다른 문제겠지요. 아마도 리뷰는 편집자 성향이 있는 사람이 잘할 수 있지 않을까 생각합니다.

P.O 받기 & Invoice(청구서) 쓰기

번역 일감을 받아 일했다면, 이제 번역비를 받아야 합니다. 보통 번역비를 받기 위해서는 P.O를 발행받거나 Invoice라고 불리는 청구서를 씁니다. 번역 업체에 따라서 둘 중 하나만 발행하거나, 아무것도 발행하지 않고 그저 조용히 통장에 입금을 해주기도 합니다.

P.O란 'Purchase Order'의 약자입니다. 회사가 번역가의 번역 능력을 구매했다는 증명 서류입니다. 언제, 얼마가 입금되는지 명시된 명세서의 역할도 합니다.

Invoice란 청구서를 말합니다. 자신이 어느 정도 분량의 일을 얼마의 단가에 했고, 어떤 은행 계좌로 돈을 보내달라는 청구 서류입니다. 보통 해외 업체와 거래할 때 청구서를 쓰는 경우가 많습니다. 업체별로 정해진 청구서 양식이 있는 경우에는 그 양식에 맞추어서 자신이 일한 분량과 단가, 입금 방식 등을 기재해서 보내면 됩니다. 금액이 적으면 페이팔로 받는 경우가 많으며, 금액이 많으면 해외 송금으로 돈을 보내오는 경우가 많습니다.

이때 서류는 영어나 일본어로 된 경우가 많으니 주의하는 편이 좋습니다. 만약 해당 업체에 정해진 청구서 양식이 없는 경우에는, 'ProZ.com'에 인보이스 포맷이 있으니 참고하여 작성하도록 합시다.

페이팔에 대해서 간단히 이야기해 보자면, 페이팔은 아주 간단한 송금 시스템입니다. 가입하고 계정을 생성하면 그 계정을 통해 금액이 오고 가게 됩니다. 계정으로 받은 돈은 은행 계좌로 송금할 수 있습니다. 이 모든 과정이 매우 간단하고 쉬워서 해외 업체들이 자주 이용하니, 미리 하나 만들어두면 간편하게 이용할 수 있습니다.

번역 프로그램 소개

'번역 프로그램'하면 구글 번역기를 떠올리시는 분이 꽤 계실 거라고 생각됩니다. 하지만 번역 프로그램은 구글 번역기와 같은 기계번역을 하는 프로그램이 아니라, 번역 작업을 좀 더 쉽게 만들어주는 참 고마운 프로그램입니다. 대표적인 번역 프로그램인 '트라도스 스튜디오(Trados Studio)'(이하 트라도스)에 대해 자세히 이야기해 보겠습니다.

트라도스의 대표적인 기능은 'TM'과 'Termbase'입니다. TM이란, 'Translation Memory'의 약자로, 자신이 과거에 작업한 번역을 기억하는 기능입니다. 만약에, 100페이지짜리 문서를 번역한다고 생각해 봅시다. 1페이지에서 'apple'을 '홍옥'으로 번역했습니다. 그런데 99페이지에서 'apple'이 같은 의미로 나왔을 때, 다시 1페이지까지 올라갈 필요 없이, 자신이 '홍옥'으로 번역했다는 것을 바로 알 수 있습니다. 1페이지에 나온 문장이 84페이지쯤에서 똑같이 나온 경우도 마찬가지입니다. 자신이 과거에 해당 문장을 어떻게 번역했는지 바로 알 수 있습니다. 아주 편리한 기능입니다.

'Termbase'란 단어장을 의미합니다. 만약 클라이언트가 'Red'를 '붉음'이라고 번역하도록 요청했다고 합시다. Termbase 파일에 'Red'를 '붉음'이라고 등록한 뒤 적용하면, 문서를 번역할 때 'Red'라는 글자가 나올 때마다 '붉음'이라는 단어가 안내됩니다. 이렇게 한 번역물에서 단어의 통일성을 높일 수 있습니다.

또한, 트라도스에서는 원문과 번역문이 한 창에 표시됩니다. 워드나 PDF 파일로 번역물이 오면, 새로운 워드 창을 띄워서 두 창을 번갈아 보며 작업을 하고, 그에 맞추어 일일이 스크롤을 내려야 하는 번거로움이 있는데, 트라도스는 원문과 번역문을 대조해보기 쉬운 구조로 되어있어서 작업하기 편리합니다.

클라이언트가 트라도스 파일로 번역물을 보내왔을 때만 트라도스로 작업하는 건 아닙니다. 트라도스를 제대로 사용하면 아주 편리합니다. 워드, 파워포인트, 엑셀로 된 파일도 모두 트라도스로 작업할 수 있습니다. 오히려 트라도스를 활용하면 작업 속도가 굉장히 빨라집니다. 워드, 파워포인트, 엑셀로 된 파일을 트라도스 파일로 변환한 뒤, 텍스트만 번역해서 아웃풋하면 원본 서식이 그대로 적용되어 번역된 파일이 완성됩니다. 번역문이 너무 긴 경우에만 수동으로 약간 조정해주면 됩니다. 글씨 크기, 색 등을 변경할 필요가 없으니 아주 간편합니다.

이런 좋은 프로그램인 트라도스에는 두 가지 단점이 있습니다. 첫 번째는 가격이 비싸다는 점입니다. 공동구매를 해도 약 65만 원 정도입니다. 비싸긴 하지만 트라도스를 구매한 뒤, 저는 트라도스를 이용해 훨씬 더 많은 돈을 벌었고, 훨씬 쾌적하게, 효율적으로 일하고 있습니다. 번역의 통일성 등 번역의 질도 높아졌습니다. 앞으로 계속 프리랜서 번역가로 먹고살 생각이라면 꼭 마련하라고 권하고 싶습니다.

또 하나의 단점은 아직 한글 매뉴얼이 없다는 점입니다. 프로그램 자체는 2017 버전부터 한글을 지원하고 있지만, 어떻게 프로그램을 사용하고 익혀야 하는지 자세히 알 수 있는 한국어 매뉴얼이 아직 없습니다. 그래서 저도 친한 번역가에게 트라도스 사용법을 배웠습니다. 나름 컴퓨터를 잘한다고 생각했는데, 처음에는 쉽지 않았습니다. 앞으로는 좀 더 친절한 사용설명서와 한글 커뮤니티가 활성화되었으면 하는 바람입니다.

번역 단가 높이기

만약에 당신이 굉장히 잘나가는 번역가가 되었다고 합시다. 일이 너무 많아 정신이 없을 정도입니다. 이때가 바로 당신이 번역 단가를 올릴 타이밍입니다.

업체 A, B, C의 일을 해내고 있는데, 업체 D에서 일해달라는 요청이 옵니다. 그런데 업체 D의 단가는 업체 A, B, C의 단가보다 3원 정도 싼 편입니다. 안 그래도 업체 A, B, C의 일이 바쁜데, 단가가 저렴한 업체 D의 일을 할 정신이 있을까요? 바로 이 순간, 우리는 PM(프로젝트 매니저)에게 메일을 보내야 합니다.

메일에 당신이 지금 엄청나게 바쁘다는 사실을 제일 먼저 어필합니다. 그러면 업체에서는 '아, 이 사람이 굉장히 인기가 많은 번역가구나'라고 생각할 것입니다. 그리고 '일을 맡아줄 수는 있지만 지금 다른 업체에서는 글자당 00원을 받고 있다. 단가를 00원으로 올려줄 수 있겠느냐'라고 말을 꺼내면 됩니다.

이때, 업체는 선택을 하게 됩니다. 단가를 올려주던지, 다른 번역가에게 일을 맡기겠지요.

업체가 다른 번역가에게 일을 맡기는 선택을 할 수도 있습니다.

하지만 만약 당신이 이 업체와 꾸준히 거래를 해왔고, 이 업체에 손해를 끼치지 않고 일을 잘해 왔다면 아마 업체는 높은 확률로 단가를 올려줄 것입니다. 왜냐하면, 실력이 검증되지 않은 다른 번역가에게 맡기느니, 꾸준한 거래를 통해 실력이 검증된 번역가에게 일을 맡기기가 업체 입장에서 위험 부담이 적거든요. 업체가 다른 번역가에게 일을 넘긴다고 해도 사실 당신에게는 큰 손해가 아닙니다. 어차피 업체 A, B, C의 일로 바쁜 상황이니, 수입에는 큰 영향을 끼치지 않습니다.

단가뿐 아니라, 몸값을 올리는 다른 방법도 많습니다. 그중 제가 겪었던 이야기를 해보겠습니다. 번역 업체에서 팸플릿 번역을 하나 맡게 되었습니다. 번역 후 리뷰 결과가 좋았는지, 다른 번역가가 작업한 또 다른 팸플릿의 리뷰를 제게 부탁했습니다. 저는 작업을 수락하고 그 팸플릿을 리뷰하기 시작했습니다. 그런데 웬걸요. 너무나도 심하다 싶을 정도로 번역이 엉망이라, 80%를 다시 고쳐야 할 수준이었습니다.

저는 동료 번역가에게 이런 경우는 어떻게 하면 좋을지 상담했고, 동료 번역가는 "번역이 어떤 식으로 좋지 않은지 설명한 후, 재번역을 맡기는 편이 낫겠다고 번역회사에 전달해라"라고 조언해 주었습니다. 저는 동료 번역가의 말에 따라 업체에

"해당 번역은 포털 사이트에 검색해보기만 해도 나오는 브랜드의 고유 명사조차 올바르게 표기하지 않았으며…… 재번역을 의뢰할 생각이 아니라면 리뷰 작업을 하고 싶지 않다"라는 내용의 메일을 보냈습니다. 그러자 해당 번역 업체는 저에게 재번역을 맡겼습니다. 80%를 고치면서 리뷰 비용만 받을 수 있는 일을, 재번역을 통해서 제 신뢰도도 높이고 보수도 더 받을 수 있는 일로 바꾼 사례입니다.

번역가는 몸값을 자신이 올릴 수밖에 없습니다. 단가를 올려달라는 어려운 부탁도 자신의 입을 통해서 해야 합니다. 어려운 일이지만, 내 번역이 정당한 대우를 받지 못하고 있다면, 당당히 요구해서 단가를 올려야 합니다. 자신이 한 번역의 가치를 제대로 평가해서 그에 합당한 단가를 요구하는 일을 자신이 하지 않는다면, 아무도 그 가치를 알아봐 주지 않습니다.

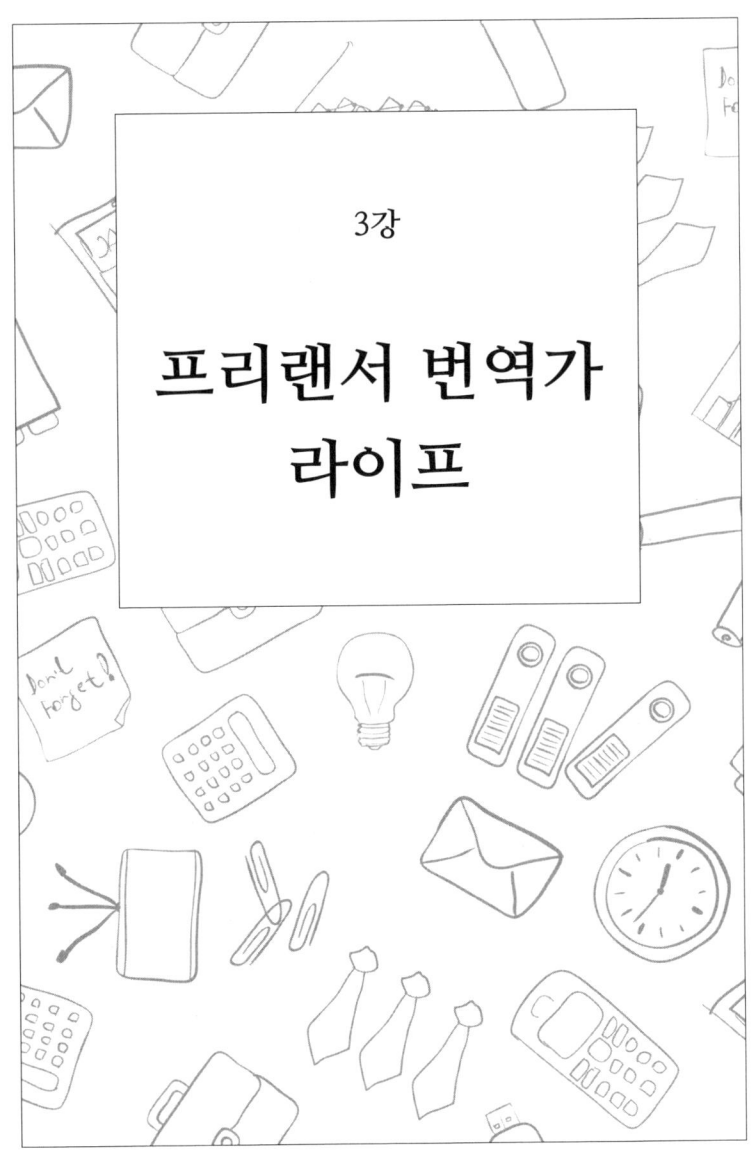

3강

프리랜서 번역가 라이프

프리랜서 번역가를 위한 준비물

　번역가에게 필요한 준비물에는 무엇이 있을까요? 회사에 출근하려면 맡은 업무에 적합한 옷과 가방, 신발 등이 필요하겠지요. 프리랜서 번역가에게는 이런 준비물이 필요하지 않습니다. 몸뻬 바지에 목 늘어난 티셔츠라도 괜찮습니다. 왜냐고요? 노트북이 있고 인터넷만 된다면 그곳이 어디든 당신의 작업장이니까요. 누구에게 나 자신을 꾸며서 보이기 위한 준비물은 별로 필요하지 않습니다.

　하지만 이런 프리랜서 번역가에게도 있으면 참 좋은 준비물이 있습니다. 그 준비물에 대해서 소개해 보고자 합니다.

　첫 번째, '노트북'입니다. 사실 노트북은 '있으면 참 좋은 준비물'이 아니라, '꼭 필요한 준비물'입니다. 데스크톱으로도 충분히 작업이 가능하지만, 언제 어디서 일감이 들어올지 모르는 번역가에게는 노트북이 좀 더 편리합니다. 노트북 중에서도 휴대성이 좋은 무게 1.5kg 이하의 노트북을 추천하고 싶습니다. 우리는 여행 중에도 일이 언제 어디서 들어올지 모르는 프리랜서니까요.

　실제로 저는 얼마 전 휴가를 갔던 코타키나발루에서도,

도쿄에서도 노트북을 들고 다니며 비행기와 호텔 방에서 작업을 했습니다. 써본 노트북 중에서 무게가 채 1kg이 안 되는 뉴맥북이 휴대성은 좋았습니다만, 윈도우용 노트북이 아니라서 키보드 배열이 불편했고, USB 연결부, 모니터 연결부도 없어서 매번 케이블을 가지고 다녀야 하는 번거로움이 있었습니다. 그리고 13인치가 안 되는 작은 화면도 제겐 익숙지 않았습니다. 예쁘고 가벼웠는데 지금 생각하면 참 안타까운 노트북입니다.

맥북을 사기 전에는 삼성 노트북을 썼는데, 휴대하기가 불편해 '샤오미 미패드2'를 구매해 블루투스 키보드와 함께 들고 다녔습니다. 하지만 아무래도 태블릿으로 트라도스를 쓰는 일도 어려웠고 제가 태블릿을 잘 사용하지 못해서 그런 것인지, 태블릿과 노트북은 확실히 작업 편의성에서 차이가 있었습니다. 그래서 결국 샤오미 미패드2를 중고로 팔았습니다. 이 일로 저는 태블릿으로 작업하는 건 저와 맞지 않는다고 생각하게 되었습니다.

맥북 이후 제가 선택한 노트북은 '레노버 씽크패드 13'입니다. 노트북을 고를 때, 트라도스와 오피스 프로그램이 원활하게 돌아가며, 키보드 배열이 손에 익은 배열이고, 모니터는 13인치 이상, HDML과 USB 포트가 모두 갖추어져 있는 1.5kg 이하의 너무 비싸지 않은 노트북을 조건으로 골랐습니다. 씽크패드 노트북은 키감도 훌륭하기로 소문나있어, 번역 작업을 하기에 아주 안성맞춤이 아닐까 생각했고, 이 생각은 틀리지 않았습니다. 그리고 아주 튼튼하다는 소문도 있어서 안심하고 휴대하며 작업하고 있습니다.

두 번째는 '키보드'입니다. 키보드는 아주 중요합니다. 원고지 위에 손으로 써서 번역하지 않는 이상, 번역가는 키보드를 쳐서 먹고 사는 직업입니다. 그러니 키보드가 얼마나 소중하고 중요한 물건일까요?

키보드가 다 거기서 거기 아니냐고 생각하시는 분도 계실지 모릅니다. 하지만 그건 키보드의 세계를 모르고 하는 말입니다. 찰칵찰칵 소리가 나는 기계식 키보드를 두드리며 번역을 하면 왠지 기분이 색다르고, 일이 잘되는 느낌까지 듭니다. 갈축, 적축, 흑축, 청축 등의 종류가 있는데, 개인적으로는 갈축을 제일 선호합니다. 축마다 키감도, 소리도 다르니, 유튜브에서 키보드 영상을 보고 자신에게 맞는 키보드를 선택해 봅시다. 처음에는 조금 시끄러울 수도 있으나, 어느샌가 그 소리에 집중하며 일하는 자신의 모습을 발견하게 될 수도 있습니다. 키감이나 소리뿐만 아니라, 사람에 따라서는 오타율까지 줄어드는 장점도 있습니다.

세 번째는 '모니터'입니다. 이건 개인에 따라 필요하지 않을 수도 있습니다. 저는 노트북의 작은 화면을 보면서 작업을 하면 상체가 앞으로 훅 쏠려, 심한 거북목 자세를 취하게 됩니다. 그래서 DELL의 27인치 모니터를 구매해서 집에서는 노트북에 모니터와 키보드를 연결해 사용하고 있습니다. 그랬더니 확실히 자세가 좋아지고 눈의 피로가 줄어들었습니다. 글자 인식이 안 되는 PDF 파일을 작업할 때, 워드 창과 PDF 창을 나란히 두 개 띄워 작업하기에도 아주 편합니다.

네 번째는 '의자와 책상'입니다. 온종일 앉아서 키보드를 치는 직업인만큼, 의자가 중요합니다. 딱딱한 의자에 앉아서 장시간 작업하면 자세도 나빠지고 몸도 굳어집니다. 되도록 자신의 몸에 맞는 좋은 의자를 구매하기를 추천합니다. 몸이 건강해야 오래 작업해도 몸이 상하거나 지치지 않습니다.

이러한 준비물들은 좀 비싸더라도 자신이 구매할 수 있는 범위 내에서 최고의 물건을 사면 좋습니다. 그래야 오래 쓸 수 있고 자신의 몸에도 좋고 일도 잘할 수 있기 때문입니다. 적어도 번역은 투자 비용이 없는 사업과 마찬가지이니, 이런 준비물들에 투자해서 몸을 지키고 능률을 올려봅시다. 자신의 몸이 허락할 때까지 일할 수 있는 직업이니, 절대로 손해는 아닙니다.

프리랜서 번역가의 수입

　블로그에 찾아오는 분들의 상당수가 제 수입에 관해 물어봅니다. 아무래도 당장 자신이 프리랜서 번역가가 된다면, 수입이 얼마나 될지 가늠하고 싶은 마음에서일 겁니다.

　솔직하게 말씀드리자면, 번역을 갓 시작했을 땐 고작 월 30만 원 정도를 벌었습니다. 힘들었습니다. 의식주를 집에서 해결할 수 있었기에 버틸 수 있었습니다. 솔직히, 아무 경력과 인맥 없이 프리랜서 번역가로 전업하는 분이 계신다면, 저는 꼭 의식주 문제를 해결한 뒤에 전업하라고 말씀드리고 싶습니다. 저축해둔 돈으로 1년 정도의 의식주를 해결할 수 있다든가, 저처럼 본가의 지원을 받을 수 있는 경우에만 하는 것이 좋습니다.

　월세 생활을 하다가 도중에 아무런 인맥과 경력 없이 프리랜서 번역가로 전업하면, 월세를 내지 못하는 상황에 부닥치기 쉽습니다. 그만큼 프리랜서 번역가의 수입은 처음에는 적습니다. 제 경우에는 일본어 번역으로만 먹고 살기가 너무 힘들어서 카페 메뉴판 글씨 쓰기 아르바이트도 하고 일본어 과외도 했으며 학원 강사를 뛰기도 했습니다.

하지만 조금씩 영업하는 번역 업체를 늘려나가고 경력이 쌓이면서 저에게도 기회는 왔습니다. 그렇게 한 달에 150만 원 정도는 벌 수 있게 되었습니다. 드문드문 50만 원밖에 못 버는 달도 있긴 했습니다. 그러다가 남의 일 같았던 대규모 프로젝트를 맡게 되었고, 그 프로젝트뿐만 아니라 다른 번역일도 병행하다 보니 3개월 동안 꾸준히 웬만한 회사원 월급 이상을 벌게 되었습니다. 그 이후는 어느 정도 궤도에 오른 듯한 느낌입니다. 큰 프로젝트가 끝난 뒤에도 일이 끊이질 않았고, 그럭저럭 먹고 살 수 있을 만큼은 벌 수 있게 되었습니다. 물론 이것이 꾸준하지는 않았습니다. 어떤 달은 100만 원, 어떤 달은 230만 원, 들쑥날쑥했습니다.

저는 수입 면에서 안정적인 궤도에 오르기까지 3년 이상 걸렸습니다. 그러나 '어떤 프리랜서는 몇 년 만에 얼마를 벌었다더라' 하는 이야기는 단지 참고사항일 뿐입니다. 우리는 그 사람이 아니니까요.

그래도 평균적으로 얼마 정도 버는지 알고 싶다고요? 죄송하지만, 번역가의 수입에 '평균적으로'는 없습니다. 평균값을 내려면 제일 많이 버는 번역가와 제일 적게 버는 번역가의 수입을 합쳐서 그 수를 나누면 되겠지요. 500만 원을 버는 번역가도 있고, 30만 원을 버는 번역가도 있습니다. 그러나 그사이인 265만 원을 버는 번역가가 있다고는 장담할 수 없습니다. 그러니 번역가의 평균 수입이라는 말은 무의미합니다.

미래의 수입도 마찬가지입니다. 대형 프로젝트를 맡는 번역가가 아닌 이상, 당장 몇 달 뒤의 수입이 어떨지 시원하게 대답할 수 있는 사람은 드뭅니다. 당장 언제 어떤 일이 들어올지 모르니까요. 당장 일이 끊길 수도, 일이 더 들어올 수도 있습니다. 물론 자신이 얼마나 많은 업체에 영업을 잘 해두었느냐에 따라서 일이 들어올 확률이 높아집니다. 단지 그뿐입니다. 확률만 높을 뿐, 앞일에 대한 보장은 없습니다. 정말 막막하지요? 그래서 번역가는 평소에 수입이 떨어질 때를 대비해야 합니다.

번역가의 수입에 대해서 많이들 궁금해하실 텐데, 시원스러운 답변을 드리지 못해서 죄송합니다. 하지만 이것이 현실입니다. 이렇게 불안정하지만, 한 치 앞을 예상할 수 없음에도 불구하고, 저는 프리랜서 번역가를 계속해 나갈 것입니다. 제가 선택한 이 일은 좋아하는 일이고, 저에게 그만큼의 가치가 있으며, 보람을 느끼게 해주기 때문입니다.

번역이라는 즐겁고 보람찬 작업

번역한 게임이 출시되어 많은 사람이 휴대전화로 내려받고 리뷰 남기는 모습을 볼 때, 번역한 책의 리뷰가 인터넷에 올라왔을 때, 왠지 어깨가 으쓱하며 기분이 묘합니다. 이거 내가 번역한 게임이야, 책이야 라며 주변 친구들에게 자랑도 참 많이 했습니다.

어떤 게임의 번역을 맡았을 때의 일입니다. 게임이 한국에 릴리즈 된 후, 한국어 리뷰에 '이런 건 번역이 어려웠을 텐데, 괜찮네요'라는 리뷰가 한 건 올라왔습니다. 개발사에서 그 리뷰를 보고, "박상에게 맡겼더니 이런 리뷰를 받았습니다! 박상에게는 안심하고 번역을 맡길 수 있겠어요!"라는 칭찬을 들었습니다.

그 일이 계기가 되어, 저는 그 게임의 후속작과 추가 번역을 몇 번이나 맡게 되었고, 그 개발사와는 아직도 좋은 관계를 유지하고 있습니다. 제 번역을 칭찬해준 플레이어에게도 너무 고마웠고, 저를 신뢰하고 추가 번역을 맡겨준 개발사에도 감사했습니다. 그리고 어깨가 무거워짐을 느꼈습니다. '아, 앞으로 더 잘해야겠구나! 또 이런 리뷰가 또 올라올 수 있도록, 사람들이 감탄할 수 있을 만한 번역을 해야겠구나!'라고 생각했습니다.

일본 여행을 가서 관광지를 둘러볼 때도 마찬가지입니다. 저는 일본 관광지에 있는 한국어 안내문을 많이 번역합니다. 비록 제가 번역한 글이 있는 장소를 일부러 찾아다니진 않지만, 일본에 있는 한국어 안내문을 볼 때마다, '아, 나도 이런 걸 번역하는데!'라고 생각합니다. 이런 안내문을 보고 '우리나라 관광객들이 좀 더 편하게 여행할 수 있겠구나, 길을 잃지 않겠구나, 메뉴를 더 쉽게 고를 수 있겠구나!'라고 생각하면 가슴이 따뜻해집니다. 분명 돈 받고 하는 일이지만, 누군가에게 도움이 된다는 생각에 제 마음이 뿌듯해진 적이 한두 번이 아닙니다.

책의 경우에는 더욱 그렇습니다. 책이 출간되면 괜히 서점에 들러 매대 위에 있는 책을 슬쩍 보고 갑니다. 때로는 더 잘 보이는 위치에 슬쩍 가져다 놓기도 합니다. 제가 번역한 이야기를 우리나라 사람들이 알아주었으면 좋겠다는 마음에서입니다.

이렇듯 번역은 생각해 보면 우리 삶 속에 아주 가까이 다가와 있습니다. 제가 하는 번역 작업을 생활 속에서 느낄 때마다 저는 보람을 느끼고, 두근거림을 느낍니다.

번역이라는 괴로운 작업

　외국어를 우리말로 전달하는 일이 재미있고, 어떻게 하면 더 자연스럽게 표현할 수 있을지 고민하는 일이 좋아서 번역을 직업으로 선택했습니다. 물론 하루 24시간을 내가 통제할 수 있고, 아무 회사나 조직에 속하지 않는다는 자유로움도 너무 좋았습니다. 인간관계나 다른 잡다한 일에 신경 쓸 필요 없이 주어진 일만 잘하면 된다는 점도 매력적입니다. 하지만 프리랜서 번역가로 일하며 힘든 일도 당연히 있습니다.

　업무적인 어려움에 대해 먼저 이야기해 보겠습니다. 드라마 번역, 애니메이션 번역, 만화 번역을 맡았을 때의 일입니다. 아무리 일본어를 잘하고 일본 문화에 친숙하다 해도, 일본의 '신조어'를 다 알 수는 없습니다. 하지만 드라마, 애니메이션, 만화 같은 미디어에는 최근에 생긴 신조어가 간혹 등장합니다.

　신조어는 번역하기 어렵습니다. 일본에서도 금방 생긴 말이기에 일본 사람조차 그 뜻을 모르는 경우가 있을 정도입니다. 어쩌면 자신이 그 신조어를 한국에서 처음으로 번역하는 사람이 되는 때도 있습니다. 이럴 때는 도대체 어떤 식으로 번역해야 그 뉘앙스를 잘 전달할까, 머리를 싸매고 고민을 합니다.

번역의 어려움은 신조어뿐만이 아닙니다. 예전에 오사카 사투리투성이인 만화를 번역할 때의 일입니다. 우리나라 사투리도 잘 모르는데 오사카 사투리를 이해하고 전라도나 경상도 사투리로 바꾸어 번역하는 일은 정말 그 어려움이 상상 초월이었습니다.

경상도 출신인 사촌에게 도움을 받긴 했지만, 그때 제 번역 능력의 한계를 느꼈습니다. 그 만화책은 시리즈물이었기에 계속해서 일감을 얻을 수도 있었으나, 출판사와 저의 생각이 같아 결국 다른 분께 일감이 넘어가게 되었습니다.

또 한 가지 어려움은 일을 처음 시작할 때, 아무도 번역에 어떤 프로그램이 필요한지 정보를 주지 않는다는 점이었습니다. 처음 영상 번역을 할 때는 자막 프로그램 다루는 방법을 전혀 몰랐습니다. 커뮤니티에 올라온 설명을 주섬주섬 따라 하며 익혔지만, 그때 느낀 막막함이란……. 프리랜서 번역가는 동료도 없고, 회사에 속하지도 않아서 번역 외적인 부분은 지원받기 힘들다는 사실을 온몸으로 느꼈습니다.

트라도스를 익힐 때도 마찬가지였습니다. 인터넷을 통해 막연히 트라도스라는 프로그램이 있구나, 정도만 알고 있었는데, 내가 가만히 있으면 아무도 트라도스를 쓰면 어떤 점이 좋고, 트라도스를 어떻게 사용하는지 알려주지 않습니다. 블로그를 통해서 만난 동료 번역가가 사용 방법을 알려주지 않았다면 아직도 트라도스를 사용하지 않고 모든 업무를 오피스 프로그램만으로 해결했을 겁니다. 그리고 단가가 높은 트라도스 일감을 받지 못해 발을 동동 구르고 있었을 것입니다.

운이 좋게 일대일로 트라도스를 배우긴 했지만, 이렇게 누군가가 옆에서 상세하게 트라도스를 가르쳐주는 경우는 거의 없기에 다른 사람들은 참 큰일이겠구나 라고 생각했습니다.

이외에도 프리랜서 번역가의 고충은 꽤 있습니다. 하지만 제일 큰 고충은 역시 '불안정'하다는 점이겠지요. 안정되지 않은 미래를 자발적으로 선택한 만큼, 그 선택에 대해 스스로 책임져야 합니다. 그 누구의 탓도 할 수 없습니다. 이 모든 어려움을 감당할 준비가 되어 있다면 진짜 번역가의 길에 들어섰다고 생각합니다.

프리랜서 번역가의 시간

집에서 혼자 작업하는 다양한 직종의 프리랜서가 존재합니다. 프리랜서는 출퇴근 시간이 없으며, 식사 시간도 따로 정해져 있지 않습니다. 언제, 어디로든 갈 수 있는 자유도 있습니다.

제가 프리랜서가 된 이유도 이런 자유로움을 동경해서입니다. 몇 년 전, 아르바이트 수준의 수입으로 프리랜서 번역 일을 계속하다가 번역일을 미루고 잠시 회사에 취직했습니다.

더운 어느 여름날, 냉방 빵빵한 사무실에서 열심히 업무를 보다가 문득 밖을 바라보았습니다. 그곳에는 가로수길을 따라, 너무나도 푸르른 한여름이 있었습니다. 저곳에 나가서 아이스커피 한잔 마시면 참 좋겠다, 생각했습니다. 늦잠을 자고 9시쯤 일어나 부스럭거리다 빵과 샐러드, 우유로 간단한 아침 식사를 하고, 오전 11시쯤 동네 카페에서 산 아이스 아메리카노 한잔을 들고 여유롭게 산책에 나서는 저의 모습을 상상했습니다.

추진력이 굉장한 저는 이 상상을 현실로 만들기 위해 얼마 지나지 않아 회사를 그만두었습니다. 그런데 웬걸요. 몇 년이 지난 지금까지도 오전 11시쯤 아이스 아메리카노와 함께한 산책은 해보지 못했습니다.

물론 하려고 마음 먹으면 가능하지만, 할 수 없었던 이유가 있습니다. 프리랜서의 아침에 중요한 건 '산책'이 아니라 '메일 체크'였습니다. 아침에 온 메일을 열어 어떤 새로운 일감이 올라왔는지 체크하는 일이 최우선 순위입니다.

아침에 일어나 씻고, 밥 먹고 일감을 확인합니다. 커피 한 잔을 마시며 전날 작업하던 프로젝트를 열어봅니다. 내일까지 마감이라는 사실을 알아채고 바로 작업을 시작합니다. 네, 이렇게 오전 11시가 지나갑니다.

작업할 때는 작업에만 집중하느냐, 아닙니다. 이곳저곳 다른 업체에서 온 메일을 수시로 확인해야 합니다. 메일 알람은 늘 켜놓습니다. 기본입니다. 그러다가 새로운 일감이 들어오기라도 하면 어떤 내용인지 확인하고, 작업 진행 가능 여부에 대해서 정중히 메일을 보냅니다. 커피가 다 떨어져 새로 만드는 김에, 잠시 숨을 돌릴 겸 쉬는 시간을 갖습니다. 인터넷 쇼핑을 합니다. 모니터를 엿보는 사람도, 쇼핑한다고 타박하는 사람도 없습니다.

너무나도 당당하게 모니터 위에 예쁜 가방을 띄워놓고 이걸 사, 말아 하면서 혼자 고민합니다. 그런데 아뿔싸, 10분만 구경을 한다는 것이 30분이나 지나고 맙니다. 아무도 눈치를 주지 않기에 안심할 수 있지만, 지나간 시간에 대한 책임은 온전히 자기 몫입니다. 쇼핑몰 창을 닫고 다시 번역에 집중합니다. 다시 한두 시간이 지나, 거실 소파에 누워서 핸드폰을 만지작거리며 SNS를 하거나, 침대에 누워서 친구들에게 뭐하냐고 문자를 씁니다. 집에는 적막함을 해소하기 위해 틀어둔 조용한 클래식 음악만이 흐릅니다. 가끔 혼잣말을 하기도 합니다. 그러다가 또 시간이 지나면 다시 번역에 집중합니다. 보통 이런 패턴으로 하루를 보내곤 합니다.

사실 번역가의 시간은 자신이 조정하기 나름입니다. 저는 늦게 일어나지만, 낮에 활동하는 타입인데, 아예 낮 서너 시까지 자고 일어나 오후 다섯 시부터 업무를 시작하는 프리랜서도 있습니다. 오후 다섯 시부터 새벽 서너 시까지 일한다고 합니다.

이렇게 제멋대로 시간을 운용한다고 해서 아무도 문제 삼지 않습니다. 게으름을 피운다고, 중간에 인터넷 쇼핑 좀 한다고 핀잔을 줄 사람도 없습니다. 작업이 잘 안되면 백화점에 쇼핑하러 나가도 괜찮습니다. 주어진 번역물만 제시간까지 납품하면 되니까요.

비록 불규칙한 생활 때문에 몸이 쉽게 상할 수도 있지만, 오히려 시간을 자유롭게 쓸 수 있으면 신기하게도 신체가 그 자유로움

속에서도 규칙을 만들어 나갑니다.

　많은 분이 프리랜서를 동경하는 이유는 이러한 자유로움 때문일 것입니다. 실제로 동경할 가치가 있을 정도로 저도 대만족입니다. 이렇게 제멋대로인 프리랜서의 시간을 저는 사랑합니다. 시간을 자신이 원하는 방식대로 쓸 수 있다는 장점은 너무나도 매력적이기에 프리랜서가 된 것을 한 번도 후회한 적이 없습니다.

　프리랜서가 되기를 원하는 분들은 모두 그 뜻을 이루어서 이 자유로움을 맛보실 수 있기를 진심으로 바랍니다.

프리랜서 번역가의 작업 공간

저는 주로 집에서 작업합니다. 사실 얼마 전에 사무실을 얻었었는데, 영 자주 가지 않게 되더라고요. 분명 접근성 등 이것저것 고려해서 제일 손쉽게 갈만한 곳을 선정해서 골랐는데도 말입니다. 사무실 계약을 정리하고 나오면서, 아 이제부터는 정말 집에서 집중해서 일해야겠구나, 하는 생각이 들었습니다.

사실 사무실을 구한 이유가 있었습니다. 제 방에는 에어컨이 없습니다. 거실에는 에어컨이 있긴 한데, 매번 평일 낮에 집에 혼자 있는데 노트북을 들고 거실로 나가 에어컨을 켜기에는 전기료가 부담스러웠습니다. 그렇다고 매번 냉방이 빵빵한 카페에 가기도 망설여졌습니다. 카페의 커피값도 커피값이지만, 카페 냉방은 너무 온도가 낮아서 종종 냉방병에 걸렸거든요. 결론적으로 '내 체온에 맞게 자유자재로 온도를 조절할 수 있는 공간을 가지고 싶다!'라고 외치면서 사무실을 구했습니다.

처음에는 보증금이 적고, 여러 회사가 입주해있으며 공용 공간도 있는 소호 사무실들을 알아보았습니다. 그런 곳이 적을 줄 알았는데, 웬걸요. 요새는 프리랜서, 1인 사업자가 많아서인지 서울 이곳저곳에 트랜디한 인테리어로 꾸며진 소호 사무실이 많았습니다. 마치 이곳에서 일하면 내가 이 사무실의 진짜 주인인 듯한 느낌이 들고, 일도 잘되며, 지금도 프로 번역가지만 지금보다 더 프로페셔널한 번역가가 될 수 있을 것만 같았습니다. 하지만 가격을 알아봤더니 생각보다 비쌌고, 이런 사무실은 보통 서울의 강북, 강서 쪽에 있어, 제가 사는 경기도 외곽지역에서 출퇴근하기엔 너무 멀었습니다.

이곳저곳 알아보다가 인테리어가 뛰어난 전문적인 소호 사무실은 아니지만, 가산의 한 사무실 작은 방 하나를 얻게 되었습니다. 탕비실에 커피머신과 냉장고도 있고, 냉방도 빵빵해서 무척 마음에 드는 사무실이었습니다. 1인용 소파도 사다 놓아, 제가 원하는 시원한 냉방 아래에서 이불을 감고 누워있는 상황을 연출할 수도 있었습니다.

물론 추가적인 물품도 필요했습니다. 집에서는 노트북에 큰 모니터를 연결해서 작업했는데 사무실에서는 노트북 화면만 보니 눈이 아팠습니다. 결국, 중고거래로 저렴한 가격에 큰 모니터를 구매했고, 키보드도 가지고 다니기 불편하다는 이유로 사무실용 기계식 키보드까지 장만했습니다.

하지만 사무실에는 일주일에 두, 세 번밖에 가지 않았습니다.

이유는 아주 단순했습니다. 사무실까지 가는 길이 너무 더워서! 지금 생각하면 저도 정말 게으르다 싶습니다. 결국 사무실은 두 달만 사용하고 정리했습니다. 그리고 냉난방기를 구매해 집에 있는 제 방에 설치했습니다. 지금은 냉난방기의 시원한 에어컨 바람 아래에서 이불을 두르고 열심히 원고를 작성하고 있습니다. 이제는 더워서 일을 못 한다, 추워서 일을 못 한다, 하는 핑계를 댈 수 없으니 꼼짝없이 일할 수밖에 없습니다. 이렇게 조금 방황하다가 결국 집을 작업공간으로 확정 지었습니다. 제 주변의 프리랜서는 대부분 집에서 작업합니다. 사무실을 구해서 일하는 분도 있고 카페에서 작업하는 분도 많습니다. 프리랜서는 노트북만 있으면 언제 어디서든 작업할 수 있으니까요.

'카페' 하니까 생각났는데, 저도 예전에는 동네 카페를 모두 돌아다니며 열심히 작업했습니다. 개인이 하는 카페도 많이 가고, 스타벅스나 투썸플레이스 같은 프랜차이즈 카페도 많이 다녔습니다. 하지만 무료 와이파이도 제공되고, 실내 온도도 적당하고, 의자와 책상이 나의 키, 체형과 맞으며, 마시고 싶은 음료를 마음껏 마실 수 있고, 내가 좋아하고 집중할 수 있는 음악이 흐르는 완벽한 카페는 없더라고요. 이런 맞춤 조건은 이제 모두 제 방에 갖추었습니다. 캡슐 커피머신과 두유, 우유를 늘 준비해 둬서 마시고 싶은 음료를 만들어 먹고, 예쁜 블루투스 오디오 겸 라디오로 때로는 클래식 라디오 방송을, 때로는 그때그때 흥얼거리고 싶은 음악을 듣습니다. 추우면 에어컨을 끄거나 담요를 덮으면 되고, 더우면 에어컨을 켜면 됩니다. 나에게 맞는 책상과 푹신한 의자는 직접 골라 갖췄습니다. 향초워머에서는 언제나 향기도 나지요. 물론 이런 물품을 갖추기까지 꽤 많은 돈과 시간이 걸렸지만요. 우스갯소리로, 번역해서 번 돈, 다 번역 작업을 위해 써버렸습니다.

하지만 후회는 없습니다. 언제 어디서 작업을 해도, 지금 생각해 보면 제일 집중이 잘 되는 곳은 제 방입니다. 그때그때 저의 몸 상태에 맞추어서 모든 걸 조정할 수 있으니까요.

각자 자신에게 필요한 준비물은 다릅니다. 어떤 분은 습도에 예민해서 제습기가 필요하실 수도 있고, 어떤 분은 방석의 질감에 민감해서 질 좋은 방석을 사야 하는 분도 계실 것입니다. 하지만 자신에게 필요한 것, 제일 좋은 것을 하나하나 갖추어 나가면, 그 과정에서 자신이 무엇에 예민한지, 자신에게 정말 필요한 게 무엇인지 생각해 보게 되고, 일하는 데 도움이 될 것입니다. 프리랜서를 꿈꾸신다면 자신의 방을 작은 작업실로 만들고, 자신의 손으로 꾸며보세요.

번역 공부에는 끝이 없다

　번역 공부에는 끝이 없습니다. 일이 바쁠 땐 소홀해지지만, 평소에는 여전히 일본어로 된 사설을 읽고 손으로 쓰는 연습을 합니다. 사각거리는 만년필 촉의 느낌도 좋고, 손으로 번역하면 손이 문장을 기억하는 듯한 느낌이 들어 기분이 색다릅니다. 하루에 사설 하나는 꼭 공부하자고 다짐했는데, 번역가는 일이 바쁜 시기와 한가한 시기가 너무 들쑥날쑥해서 마음처럼 되지 않습니다. 어떤 날은 사설 하나 공부하기도 벅찬데, 어떤 날은 온종일 사설만 붙들고 있어도 여유롭습니다. 오늘은 일본의 지역 신문 홈페이지에서 사설 하나를 가져왔습니다. 지역 신문 사설에는 부드러운 주제의 글이 많아서 실제 일본 생활 속에서 쓰이는 자연스러운 표현을 익히는 데 도움이 됩니다. 중요한 부분에는 형광펜으로 밑줄을 치고 이 단어는 어떤 의미이며, 어떤 식으로 번역이 될 수 있을까 고민해 봅니다. 실제로 업무에서 튀어나올 상황을 시뮬레이션해보기도 합니다.

　사설 공부 말고도, 게임을 해보면서 게임의 안내 문구, 공지사항 문구 등을 유심히 살펴보기도 합니다. 게임 내의 텍스트는 대체로

경쾌하면서도 정중하게 표기해야 합니다. 그래서 그 균형을 맞추기가 조금 까다롭습니다. 좋은 문구가 있으면 괜스레 한번 공책에 써보기도 합니다. 관광 번역에서는 일본 내의 이탈리안 레스토랑이나 프렌치 레스토랑의 메뉴를 번역하는 때도 종종 있는데, 불어나 이탈리아어를 가타카나로 표기한 경우가 많아서 실제로 어떤 메뉴인지 검색만으로는 정보의 한계를 느낍니다. 이럴 때는 큰맘 먹고 비싼 프렌치 레스토랑에 가서 정통 프렌치 코스를 즐겨보면서 그 메뉴가 이런 메뉴였구나, 하고 감을 잡기도 합니다.

번역은 우리 생활에 아주 밀접한 분야입니다. 그런 만큼, 생활 속에서 얻는 소스도 많습니다. 일상생활 속에서 마주치는 관용어구 표현을 그냥 지나치지 말고, 이럴 때는 이런 문장을 쓰는구나, 하고 하나씩 생각해 보는 습관이 중요합니다. 물론 사설 등을 통해서 일본어를 익히는 공부도 무척 중요하지요. 일본어 공부도 꾸준히 하고 생활 속의 우리말에 관심을 기울이다 보면, 번역 실력도 점점 더 좋아지게 될 것입니다.

· 참고로 하면 좋은 사이트 ·

중앙일보 한일 대역 : http://japanese.joins.com/info/bilingual/list.html

일본 지역 신문 사설 일람 : http://www.47news.jp/localnews/shasetsu/

프리랜서 번역가와 직장인의 차이점

제가 다닌 회사들은 다른 회사에 비해서 복지가 잘 갖추어져 있었습니다. 한 회사는 9시에서 10시 사이에만 출근하면 되었고, 또 다른 회사는 사무실에 마사지 의자도 마련되어 있었습니다.

프리랜서 번역가(이하 번역가로 통일)가 되면 이러한 복지를 전부 자신의 손으로 마련해야 합니다. 대신 자신의 취향에 맞춘 복지를 실현할 수 있게 됩니다. 자신이 사장이고, 직원이니까요.

번역가와 직장인의 차이점에 관해서 이야기해 보겠습니다. 먼저 번역가는 출퇴근 시간이 없습니다. 어떻게 보면 숨 막히게 빽빽한 버스나 끼어가야 할지도 모르는 지하철을 타지 않아도 되는 번역가의 모습이 부러워 보일 수도 있습니다. 하지만 번역가는 침대에서 눈을 뜬 그 순간부터 출근이 시작됩니다. 사무실이 바로 1m앞 책상이니까요. 출근하면 컴퓨터를 켜고 전날 온 메일부터 확인하는 모습은 번역가나 직장인이나 마찬가지입니다. 업무 도중에 쇼핑 사이트에 들어가서 딴짓을 하기도 하지요.

점심시간이 되면 직장인들은 우르르 쏟아져 나와 식당으로 향합니다. 점심시간은 직장인의 숨통을 틔워주는 시간입니다.

하지만 번역가에게는 점심시간이 따로 없습니다. 자신이 먹고 싶을 때 먹으면 됩니다. 저는 외식은 안 하고, 배달음식을 먹거나 직접 만들어 먹습니다. 한창 집중할 때 배가 고프면 음식을 컴퓨터 앞으로 가져와 일하며 먹기도 합니다.

점심 식사 후에도 직장인들은 커피를 마시며 동료와 수다를 떠는데, 번역가는 혼자 멍청히 핸드폰을 만지작거리거나, 쉴 새도 없이 작업을 계속 이어나갑니다. 저녁 7~9시쯤에 직장인들은 퇴근해서 집에 오는데, 번역가는 7시든, 9시든, 10시든 작업실에 출근하는 경우가 아닌 이상은 계속 집입니다.

이렇게 보면 번역가가 은둔형 외톨이처럼 외로워 보이기도 합니다. 저도 저녁에 식구들이 올 때까지 온종일 아무와도 대화하지 못하는 때가 종종 있습니다. 하지만 인터넷 쇼핑을 하든, 요가 매트를 깔고 누워 마사지하던 아무도 눈치를 주지 않고, 자신이 원할 때 어디로든 나갈 수 있으며, 평일 특가 세일이나 평일 이벤트에 자유롭게 참석할 수 있으며, 자신이 원하는 옷을 입고 온전히 자신이 먹고 싶은 음식을 선택해서 먹을 수 있습니다. 좋아하는 음악도 언제나 함께할 수 있습니다.

프리랜서도 직장인도 모두 각각의 장단점이 있습니다. 자신에게 잘 맞는 스타일의 일을 하면 됩니다. 번역가도 원하면 회사 내에서 번역 업무를 하는 형태로 회사에 들어가 일 할 수 있습니다. 그러니 번역가는 꼼짝없이 프리랜서를 해야 한다고 생각하지 말고, 자신이 어떤 성향의 사람인지에 대해 먼저 생각한 후, 방향을 선택해 보는 것도 좋을 것입니다.

프리랜서 번역가와 요리

　프리랜서 번역가에 관한 책인데 뜬금없이 요리 이야기가 나와서 당황하셨을 겁니다. 하지만 의외로 프리랜서 번역가와 요리는 깊은 관련이 있습니다. 요리하지 않는 번역가도 있을 수 있고, 가족이 늘 밥을 차려주는 번역가도 있겠으나 여기서는 요리를 하는 번역가에 관해 이야기해 보고자 합니다.

　프리랜서 번역가는 따로 식사 시간이 없습니다. 그렇기에 집 부엌에서 스스로 끼니를 챙겨 먹어야 합니다. 메뉴를 고민하면서 오늘은 도대체 뭘 먹으면 좋을까, 냉장고에 무슨 재료가 있나, 머릿속에 떠올려봅니다.

　프리랜서 번역가가 혼자 집에서 식사하기 위해서는 직접 요리를 해야 합니다. 물론 시간이 없을 땐 불가능한 일이지만, 적당히 일이 있고 한가한 날에는 직접 요리를 합니다. 요리하려면 재료가 필요하니 직접 장을 보는 경우도 많습니다.

　무슨 메뉴를 어떻게 해 먹을지는 각자의 취향 나름입니다. 어쩔 수 없이 전날 먹던 찌개를 데워 먹을 수도 있겠지요. 하지만 매번 전날 먹던 음식을 재탕해서 먹기는 한계가 있기에 어쩔 수 없이 요리할 때가 많습니다.

　막 프리랜서로 전업한 사람들은 보통 손쉽게 먹을 수 있는 라면부터 시작합니다. 별별 라면 레시피를 다 시험해보고, 이것저것 색다른 재료를 넣어 보면서 시행착오를 거칩니다. 그러다가 항상 라면만 먹는 자신의 모습에 질려서, 이번엔 밥을 볶기 시작합니다. 김치볶음밥부터 시작해서 다양한 재료를 넣고 색다른 볶음밥들을 만들어냅니다. 밥을 볶을 때, 자신에게 현미밥이 맞는지 쌀밥이 맞는지 흑미밥이 맞는지 등을 저절로 알게 됩니다. 하지만 이 볶음밥도 얼마 지나지 않아 질리게 되지요. 당분간 번역가는 라면과 볶음밥을 번갈아 먹으면서 "또 뭘 먹고 싶더라?" 하는 생각을 합니다.

　그러다가 제일 흔하게 도전하게 되는 요리가 바로 파스타입니다. 파스타는 자취생의 친구라고 불릴 만큼 아주 손쉬운 요리입니다. 면을 삶고 재료와 소스를 부어 볶기만 하면 됩니다. 처음에는 토마토 스파게티, 그다음에는 크림, 그다음에는 오일……. 면의 종류도 처음에는 스파게티로 먹다가 다음번엔 링귀니, 페투치네……. 점점 파스타 장인이 되어 갑니다. 시판 소스만으로도 완성할 수 있지만, 통후추를 갈아 넣거나 각종 이탈리안 시즈닝을 더하면 풍미가 좋아져 더 맛있어집니다. 파스타는 캘면 캘수록 연구할

거리가 많은 요리입니다. 희한하게 저는 파스타를 몇 년 동안 먹어도 질리지 않아 지금은 언제나 파스타를 만들 수 있도록 늘 재료를 집에 준비해 둡니다. 덕택에 실력이 일취월장해서, 친구들 사이에서 이태리 국수 전문가라는 별칭도 얻었습니다.

각종 찌개나 조림을 하거나, 스테이크를 굽기도 하지만, 귀찮을 땐 배달 요리도 종종 먹습니다. 당장 배를 채워야 포도당이 머리에 공급되어 한 글자라도 더 번역하게 되니, 생리적인 본능과 일을 위해서 먹기도 하고, 식욕을 채우기 위해 먹기도 합니다.

하지만 이 모든 건 일이 그다지 바쁘지 않고 여유가 있을 때의 이야기입니다. 정신없이 일이 몰려들고 마감이 촉박하면 배달조차 할 수 없습니다. 왜냐하면, 무얼 먹을지 메뉴조차 떠오르지 않거든요. 누가 차려주면 그걸 먹거나 부엌에 가서 닥치는 대로 음식을 가져와 모니터 앞에 앉아 먹기도 합니다. 정신없이 모니터를 바라보며 입에 음식을 밀어 넣기도 합니다. 하지만 어쩔 수 없습니다. 프리랜서 번역가에게 마감 준수보다 중요한 일은 없으니까요.

프리랜서 번역가와 요리는 먹고 사는 문제 면에서 큰 관련이 있습니다. 그래서 요리 실력 없는 번역가는 있어도, 요리를 많이 해보지 않은 번역가는 없을 거라고 지레짐작해봅니다.

오늘 아침에는 요리하기 싫어서 어젯밤 편의점에서 사 온 간편 부대찌개를 데워 먹었습니다. 하지만 저녁에는 가볍게 양상추와 치즈, 햄을 얹은 샐러드를 먹어볼까 합니다. 어떤 메뉴를 고르든, 재료에 얼마의 돈을 쓰든, 예쁘게 플레이팅을 하든 막 집어먹든 모두 자신의 마음대로입니다. 탄수화물과 단백질, 지방 등의 영양소를 골고루 갖추어 먹고, 채소와 과일을 꾸준히 챙겨 먹어 가벼운 몸을 유지하기 위해 신경 써야 합니다.

자신의 몸을 건강히 지키는 일도, 프리랜서에게는 무척 중요합니다.

프리랜서 번역가의 재정관리

　프리랜서 기술 번역가인 저에게는 월급날이 없습니다. 물론 업체에서 돈이 들어오는 날은 정해져 있지요. 그 날이 월급날이 아니냐고요? 그건 사정을 잘 모르고 하시는 말씀입니다.

　제가 한 달에 거래하는 업체는 약 일곱 군데 정도 됩니다. 이 일곱 군데에서 크고 작은 일을 각각 맡아 해내고 있습니다. 그리고 이 일곱 업체는 모두 입금 날이 다릅니다.

　예를 들면 이런 식입니다. A 업체에서 10만 원짜리 작은 프로젝트를 했다고 칩시다. A 업체의 입금일은 다음 달 1일입니다. B 업체에서는 200만 원짜리 큰 프로젝트를 했습니다. 이 업체의 입금일은 다음 달 말일입니다. C 업체에서는 30만 원의 업무를 했으나, 입금일이 다음다음 달 15일입니다. 조금 복잡하지 않나요? 참 안타깝게도 이런 경우에는 다음 달 1일에 10만 원을 받고, 30일간 10만 원으로 가난하게 살다가 말일에 200만 원을 받고, 그다음 달 15일에 30만 원을 받는 식으로 살림을 꾸려나가게 될 수도 있습니다.

　이렇듯 프리랜서 번역가에게는 월급날이 따로 없습니다. 이번 달에 어떤 업체에서 얼마의 금액이 들어오는지만 파악해도 다행입니다. 수입 금액의 폭이 큰 것도 문제입니다. 그래서 프리랜서는 평소에 돈 관리를 잘해야 한다고들 하나, 그게 참 쉽지 않습니다. 가난하다가 갑자기 거액의 돈이 들어오게 되면 저도 모르게 쇼핑을 해버리고 맙니다.

저는 이런 습관을 고치기 위해 자유 입출금식 통장을 하나 더 만들어서 수입의 일정 비율을 꾸준히 저금하고 있지만, 가끔 돈이 모자란 가난한 시기에는 어쩔 수 없이 이 통장의 카드를 사용하는 때도 있습니다. 조금 더 재정상태를 안정적으로 유지하기 위해 노력해야겠다는 생각을 합니다.

프리랜서는 앞으로의 수입을 짐작할 수 없으니 할부 구매는 되도록 자제하는 게 좋습니다. 미래에 자신이 그 돈을 갚을 정도의 수입을 올린다는 보장이 없으니까요. 물론 할부 값도 못 갚을 정도로 못 벌면 안 되겠지만 말입니다. 이런 생각으로 저는 이번 달에 70만 원짜리 냉난방기와 25만 원짜리 안경을 모두 일시불로 샀습니다. 미래의 수입을 예상할 수 없다는 측면 외에도 이미 익숙해진 물건 때문에 매달 돈이 나가는 느낌이 싫기 때문입니다.

더 돈 잘 버는 잘나가는 프리랜서라면 좋을 텐데, 라는 생각도 들지만, 더 바라는 건 욕심임을 잘 알고 있습니다. 지금의 이 수입을 얻을 수 있는 것만으로도 저는 감사합니다. 나머지는 제 재정 관리 능력에 달린 거겠지요. 한 번에 많은 돈이 들어온다고 방심하지 말고, 늘 겸허히 저축 통장으로 돈을 이체시키는 태도를 가져야겠다고 다짐합니다.

프리랜서 번역가의 지식

언뜻 번역가들은 일반 상식이나 지식이 풍부하리라 생각됩니다. 과연 그럴까요? 그 실상(?)에 대해 개인적인 생각을 조금 이야기해 보겠습니다.

번역가에게 들어오는 문서는 그 분야가 정말 다양합니다. 기계 설명서부터 의학 논문, 자동차 산업이나 요가 방법서……. 그 많은 번역물을 읽고 이해하고 우리말로 옮기기 위해서는 그 글들을 정독할 수밖에 없습니다. 글 정독하기가 직업이고, 몇 년 동안 그런 작업을 계속 해왔으면 참 똑똑한 사람이 될 것입니다.

하지만 5년 동안 번역 일을 계속해온 저는 안타깝게도 그렇게 지식이 해박하지 않습니다. 정말 별 문서를 다 번역해왔는데도 말입니다. 특정 지식으로 꽉 차 있는 문서를 번역해도, 한 시간이면 머릿속에서 내용이 날아가 버립니다. 글의 내용도 내용이지만, 한 문장씩 곱씹어서 주어와 목적어가 맞는지, 자연스러운지에 좀 더 신경을 쓰다 보니 그런 거 같습니다. 분명 몇 번씩이나 정독해도 희한하게 한 시간이면 다 날아가 버립니다.

소설은 대충 어떤 내용이었는지 기억에 남긴 합니다만, 관광 번역을 해도 그 지역의 안내문을 보지 않고 설명 할 수 있을 정도는 불가능합니다. 번역이 완성된 순간, 바로 다른 문서로 뇌의 관심이 전환되기 때문에 이전에 작업했던 번역물에 대한 정보는 사라져버리는 게 아닐까 하고 생각한 적도 있습니다.

저는 자신이 과거에 어떤 내용을 어떻게 번역했는지도 확실하게 기억하지 못합니다. 지금 당장 번역하고 있는 문서만 생각해도 벅차기 때문입니다. 어떤 동료 번역가는 번역가의 기억은 트라도스의 TM(Translation memory : 번역 메모리)에 있다고 말을 했는데 무척 와 닿습니다. 자신이 어떤 문장을 어떻게 번역했는지 TM이 모두 기억해주니 큰 도움이 됩니다.

이러한 이유로 번역가는 글을 많이 읽긴 하지만 그 글들을 모두 기억하는 잡학 박사가 되기는 어렵습니다. 더 핑계를 대보자면 번역 문서는 모두 보안을 철저히 해야 하므로 번역가가 기억하고 발설하면 곤란하니 오히려 잊어버리는 게 다행일 수도 있습니다.

번역물의 내용을 잊어버리는 대신, 번역할 때의 느낌이나 감정은 잘 기억납니다. 아, 이 작업할 때 정말 피곤했지, 저 작업은 좀 즐겁게 했어, 라는 식으로 종종 지난날이 떠오릅니다. 어째서 감정은 잊히지 않고 잘 기억나는지 모르겠습니다. 작업 할 당시 나에게 어떤 인상적인 일이 있었는지, 어떤 감정, 어떤 몸 상태,

마음 상태로 일했는지는 참 잘 떠오릅니다. 마치 번역물의 내용이 중심이 텅 비어있는 태풍의 눈과 같다는 생각도 듭니다. 다른 상황들은 다 기억하는데 핵심인 그 내용만은 기억하지 못하는 그러한. 참 아이러니합니다.

프리랜서 번역가의 독서

글을 읽고 쓰는 직업이라고 해서 프리랜서 번역가가 독서와 친할 것으로 생각하는 분들이 많습니다. 정말 그럴까요? 개인적으로 꼭 그런 건 아니다에 한 표를 던집니다.

물론, 독서를 좋아하는 번역가도 많이 있습니다. 솔직히 글 읽기 싫어하는 사람이 번역가가 되기는 어렵습니다. 글을 읽어야만 먹고 살 수 있는 직업이기 때문입니다. 분명 번역가가 된 사람들은 어린 시절에 책 좀 읽었을 가능성이 큽니다. 저도 학창시절에 도서관에서 눈물을 흘리며 시바 료타로의 소설을 즐겨 읽었으니까요.

하지만 번역가가 된 지금, 바쁘게 일할 때는 책을 거의 읽지 않습니다. 일하면서 끊임없이 텍스트를 마주하고 읽고 쓰는데, 쉴 때마저 빽빽한 텍스트를 보는 건 조금 고문같이 느껴지기도 합니다. 물론 짧은 트위터 글이나 인터넷 서핑 정도는 하지만 긴 글은 되도록 피합니다. 글자로 인해 머리가 지끈지끈했던 경험이 있으신 분들은 아마 제 말에 동의하실 겁니다.

물론 모든 번역가가 저와 같은 건 아닙니다. 번역물은 번역물대로, 번역물이 아닌 다른 텍스트는 그 나름의 매력이 있으니, 각각 따로 즐기는 분들도 계시겠지요. 하지만 저는 그 정도 수준에는 이르지 못한 모양입니다.

　일이 없어 쉴 때는 다양한 책을 읽습니다. 신간 에세이부터 고전 소설까지 폭넓은 장르를 읽습니다. 물론 최신 일본 번역 소설 읽기도 빼놓을 수 없습니다. 훌륭한 번역가 선생님들이 번역한 책을 읽으며 '아, 정말 좋다!', 감탄하기도 합니다. 그리고 나도 언젠가 이런 유명한 작가의 책을 번역해보고 싶다며 부푼 꿈을 꿉니다. 그런데 이상하게도, 제가 번역한 책이나 쓴 책은 잘 읽지 않습니다. 몇 번이나 고치면서 정독을 해서인지 조금 피하고 싶기도 하고, 번역이라고 해도 자신이 과거에 쓴 글을 보기가 부끄럽기도 합니다. 과거에 자신이 원문을 어떻게 이해해서 우리말로 번역했는지 너무나도 적나라하게 드러나 있으니까요. 흑역사를 보는 기분과도 같습니다. 왜 이렇게 번역했지, 여긴 정말 이상하다고 생각하며 좀처럼 페이지를 넘기기가 힘듭니다.

　이처럼 번역가에게 독서는 가깝고도 먼 존재입니다. 프로 번역가를 자처하는 만큼 좀 더 독서와 가까워지고 싶습니다. 독서는 번역가를 더 번역가답게 만들어준다고 생각하기에, 제가 더 좋은 번역가가 되기 위해서라도, 더 좋은 사람이 되기 위해서라도 독서와 좀 더 친하게 지내고 싶습니다.

프리랜서 번역가와 세금

번역가에게 세금 문제는 까다롭습니다. 4대 보험 적용이 안 되므로 이것저것 따로 신경 써야 할 것도 많은데 아무도 가르쳐 주지 않기 때문입니다. 사실 저도 세금에 대해서는 무지합니다.

확실한 건 5월 종합소득세를 꼭 내야 하고 연말정산을 해야 한다는 것입니다. 종합소득세 신고는 홈택스를 통해서 간편하게 할 수 있으나, 어려워하시는 분들이 많이 계십니다. 이때는 신분증을 지참하고 해당 지역 세무서에 가면 친절하게 안내해주니 도움을 받으면 됩니다.

개인 사업자를 내는 프리랜서도 많습니다. 개인 사업자는 1월과 7월에 부가가치세 신고를 해야 합니다. 이 또한 국세청 홈택스 홈페이지를 통해서 할 수 있으나 소득이 높으면 세무사 사무소에 세금 신고를 위탁하면 편하니 참고하시길 바랍니다.

사실 세무 관련 업무는 굉장히 복잡해서 웬만하면 세무서에 가거나 세무사 사무실에 위탁하는 편이 정신 건강에 좋습니다. 번역가에게는 안 그래도 신경 쓸 일이 많으니까요.

프리랜서와 부업

프리랜서는 일정하게 돈이 들어오지 않는 직업입니다. 그렇기에 평소에 다른 방법을 모색해서 일정한 소득을 얻으면 그나마 안정을 유지할 수 있습니다. 물론 프리랜서 번역가의 수입만으로 안정된 생활을 지속할 수 있으면 가장 바람직합니다. 평생 번역을 하면서 사는 것도 좋지만, 돈 걱정 없이 좋아하는 번역을 즐기면서 살면 더 행복하지 않을까요.

부수적인 수입 만들기에는 다양한 방법이 있습니다. 예를 들어 저처럼 책을 쓰는 것입니다. 책은 하나의 저작물이므로 인세가 주기적으로 들어옵니다. 앞으로 책을 더 많이 만들어서 저작권을 늘려나갈 계획입니다.

이외에도 부업을 통해 부가적인 수입을 얻는 방법이 다양하게 있습니다. 저는 미대 출신이라는 타이틀 덕택에 아는 출판사의 로고 디자인을 요청받은 적이 있습니다. 인디자인이라는 편집 디자인 프로그램을 개인적으로 공부해 보려고도 하고 있습니다. 모두 프리랜서로 할 수 있는 일이므로 번역일과 시간을 나누어서 할 수 있습니다. 좀 더 공부해서 편집디자이너로 데뷔해 일할 수 있으면 수입이 더 늘어날 것입니다.

　이 이외에도 프리랜서로 할 수 있는 일들은 참 많습니다. 그래픽 디자이너, 패키지 디자이너, 팸플릿 디자이너, 교정 교열, 외주 편집자 등……. 이 중에서 저는 번역가와 작가를 선택한 것뿐입니다. 세상에는 혼자 집에서 일하며 먹고 살 수 있는 직업이 아주 많습니다. 모두 인맥을 통해서 일감을 따내는 거 아니냐고요? 아니요, 인맥 없이도 분명 해낼 방법이 있습니다. 그러니 꼭 번역이 아니더라도 자신이 회사에 맞지 않는 사람이라면 혼자 어떤 일을 해서 수입을 얻을 수 있는지 한번 고민해 보세요. 분명 할 수 있는 일이 있을 겁니다.

일복 있는 번역가 되기

저는 일복이 많은 편입니다. 번역가로 데뷔한 초반에는 한 달에 두세 건 정도의 일을 했는데, 지금은 바쁠 때는 하루에 여덟 건의 일을 처리하기도 합니다. 물론 제각각의 마감 기한이 다르고, 그중 몇 건은 단 몇 줄만 번역하면 끝나는 일이기도 합니다.

이렇게 되기까지 꾸준하고 열심히 노력했습니다. 일감이 올라오는 최신 정보를 하나도 놓치지 않으려고 최선을 다했습니다. 저의 '일복'은 노력으로 만들어진 거나 마찬가지입니다. 물론 정말로 '복', '운'이 작용한 부분도 어느 정도 있겠지만요.

하지만 저보다 더 잘나가는, 끊임없이 일이 있는 번역가를 부러워합니다. 어떻게 하면 저렇게 많은 일을 맡을 수 있을까?, 어떻게 하면 저렇게 많은 업체로부터 신뢰를 받을 수 있을까? 라고 끊임없이 고민합니다. 잘나가는 사람이 아는 사람이면 직접 물어보거나 상담을 청하기도 합니다. 어떻게 그럴 수 있는 거니?

물론, 프리랜서에게는 그 비결이 일종의 영업 비밀이기에 쉽게 물어보기 힘듭니다. 하지만 물어보지 않고 막연히 부러워만 하면 그 방법을 실제로 손에 넣을 수 없습니다. 저는 대가를 내고서라도 영업 비밀을 알아내는 편입니다.

그러니 주변에 '일복 많은 번역가'가 있다면 그저 부러워하지 마시고 그 비결을 알아내려 노력해야 합니다. 일부러 캐내듯 물어보지 말고, 자연스러운 대화 속에서 '이 사람은 이런 방식으로 일을 하는구나!'라는 걸 알아내면 됩니다. 그런 뒤 좋은 점을 본받아, 나도 성장해 나가면 됩니다. 이런 경험과 과정을 거치다 보면 어느덧 자신도 그 누구 못지않은 '일복 많은 프리랜서'가 되어있을 테니까요.

프리랜서와 건강 관리

저는 운동을 싫어합니다. 키가 커서 어렸을 때부터 운동선수나 모델이 되라는 말을 많이 들었지만, 몸을 움직이는 일을 그다지 좋아하지 않습니다. 하지만 번역가라는 직업을 가지면, 운동은 어쩔 수 없이 해야만 하는 필수 코스입니다.

회사에 다니면 몇 시간에 한 번은 일어나 동료들과 잠시 휴식을 위해 편의점에 가거나, 커피를 마시기도 합니다. 이야기도 나누지요. 하지만 프리랜서는 혼자입니다. 같이 바람을 쐬거나 담소를 나눌 동료가 없습니다. 그렇기에 자신도 모르게 몇 시간 동안 같은 자세로 앉아 일만 하기 십상입니다. 점심시간, 저녁 시간도 따로 없어서 점심 먹고 바로 컴퓨터 앞에 앉아 같은 자세로 몇 시간씩 작업합니다. 그러다 보니 하복부에 살이 잘 찝니다. 같은 자세로 키보드를 치다 보니 목은 얼마나 뻐근할까요. 장시간 컴퓨터 모니터를 바라보기에 눈의 피로도 심합니다.

그래서 저는 집 앞 헬스장에서 다이어트와 체력 증진을 목표로 P.T를 받으며 운동을 하고 있습니다. 아는 번역가 중에는 요가, 필라테스를 하는 분도 있습니다. 자신에게 맞는 운동을 선택하는 것이 중요합니다. 저는 몇 년 전에 헬스를 다니며 10킬로그램가량 살을 뺀 적이 있었는데, 그때 헬스가 제 몸에 맞는다고 느꼈습니다. 운동에 탄력받아 집에서 요가 매트를 깔고 유튜브를 보면서 스트레칭을 하기도 합니다. 아직도 제방에는 요가 매트가 깔려있는데, 요즘은 매트에 누워서 마사지 볼을 굴리고 있습니다. 피로도 풀리고 무척 시원합니다. 마사지 볼을 넣고 누워있기만 하면 되니까 사용 방법도 간단합니다. 가끔은 향초와 은은한 조명을 켜놓고 명상을 하기도 합니다.

영양제도 잘 챙겨 먹고 있습니다.

컴퓨터를 사용하는 프리랜서에게 필요한 영양제는 역시 '루테인'이 아닐까 생각합니다. 눈에 좋은 루테인을 꼬박꼬박 챙겨 먹으며 눈의 노화가 조금이라도 늦어지길 바라고 있습니다. 변비를 해소하기 위해 유산균도 잘 챙겨 먹고 있습니다. 장이 건강하지 않으면 몸이 무겁기에, 늘 가벼운 몸을 유지하려고 노력합니다.

게다가 저는 손톱이 굉장히 약해서 잘 찢어지고 깨지기 때문에 비오틴까지 챙겨 먹고 있습니다. 전 이러한 영양제를 주변 프리랜서에게도 추천하곤 합니다. 비오틴까지는 몰라도, 루테인과 유산균만큼은 프리랜서에게 필수라고 생각합니다. 그 외의 영양제는 개개인의 몸 상태에 맞추어 잘 챙겨 먹으면 됩니다.

아무래도 프리랜서는 일할 수 없을 정도로 몸과 마음이 쇠퇴하기 전까지는 계속 일할 수 있는 직업이니, 조금이라도 더 건강히 오래 수입을 유지하며 살아가려면 이러한 영양제와 운동이 건강의 밑거름이 되어야 합니다. 조금 유난스럽게 느껴지더라도 자신의 몸 건강만은 확실히 챙겨야 합니다.

함께 하는 프리랜서 동료 만들기

저는 인맥이 없습니다. 초기 프리랜서 생활은 홀로서기 그 자체였습니다. 프리랜서 번역가뿐만 아니라, 주위에 '프리랜서'는 단 한 명도 없었습니다.

가뜩이나 홀로서기인데, 인터넷에 '프리랜서 번역'을 검색하면 나오는 내용도 거의 없었습니다. 특히 도서 번역 이외의 번역은 더 정보가 없었습니다. 제가 지금 블로그를 운영하는 이유도 도서 번역 이외의 프리랜서 번역가에 대한 정보를 조금이라도 더 공유하기 위해서입니다.

그러다가 우연히 한 번역가의 블로그를 보게 되었습니다. 그분은 번역뿐만 아니라 피부관리에도 관심이 있었는데, 저 또한 마찬가지였습니다. 번역과 피부 미용에 관한 이야기를 주제로 댓글을 남기며 얼마간 교류하였고, 피부 관리법에 대해 심도 있게 얘기를 나누려고 실제로 만났다가 인연을 맺게 되었습니다. 참 엉뚱한 인연이었습니다. 저는 이분께 정말 많은 도움을 받았습니다. 영업하는 방법부터 트라도스 사용법, 번역 스킬에 대한 것들까지. 이분이 저를 제대로 된 번역가가 될 수 있게 이끌어 주셨습니다.

하지만 그 이후에 동료라고 할 만한 번역가와의 만남은 없었습니다. 아무래도 밖에 나가지 않고, 사람 만날 기회가 매우 적기 때문인가 봅니다. 솔직히 저도 개인적인 성향이 강한 사람이라, 이대로도 생활에 크게 문제가 있거나 하지는 않습니다.

그러다가 이런 제 생활에 변화를 준 특별한 계기가 찾아왔습니다. 모 업체에서 대형 프로젝트를 진행하게 되었고, 그로 인해 교육을 받게 되었습니다. 교육을 받기 위해 프로젝트에 참가하는 번역가들이 한자리에 모였습니다. 모두 여성이었고, 연령대는 제각각이었습니다.

이 자리가 인연이 되어 알고 지내게 된 번역가분들이 생겼고, 각각 어떤 식으로 프리랜서 라이프를 즐기고 있는지 이야기를 나누게 되었습니다. 처음에는 다른 사람 사는 거 알아서 뭐한담, 이라는 생각도 있었지만, 슬금슬금 동질감이 느껴지는 이야기를 같이하다 보니 친구 같은 감정까지 느끼게 되었습니다.

만약, 항상 혼자 번역하는 이 일에 외로움, 답답함을 느낀다면, 어떤 세미나를 통해서, 아니면 블로그나 SNS를 통해서 다른 사람들과 교류를 하면 어떨까요? 비밀유지계약 때문에 업무에 관한 이야기들은 자세히 터놓고 나눌 수 없지만, 그래도 나의 고충을 이 사람도 알고 있겠구나, 라는 동질감을 느낄 수 있습니다.

이것만으로도 마음의 위안이 되곤 합니다. 큰 프로젝트를 같이 하지 않는 이상 함께 일을 하는 것도 아니니, 마음이 맞지 않는 사람과 억지로 관계를 이어나갈 필요는 없습니다. 프로그램 사용법 등의 좋은 정보를 공유할 수도 있으니, 번역가 인맥 만들어두기도 나쁘지 않을 것입니다.

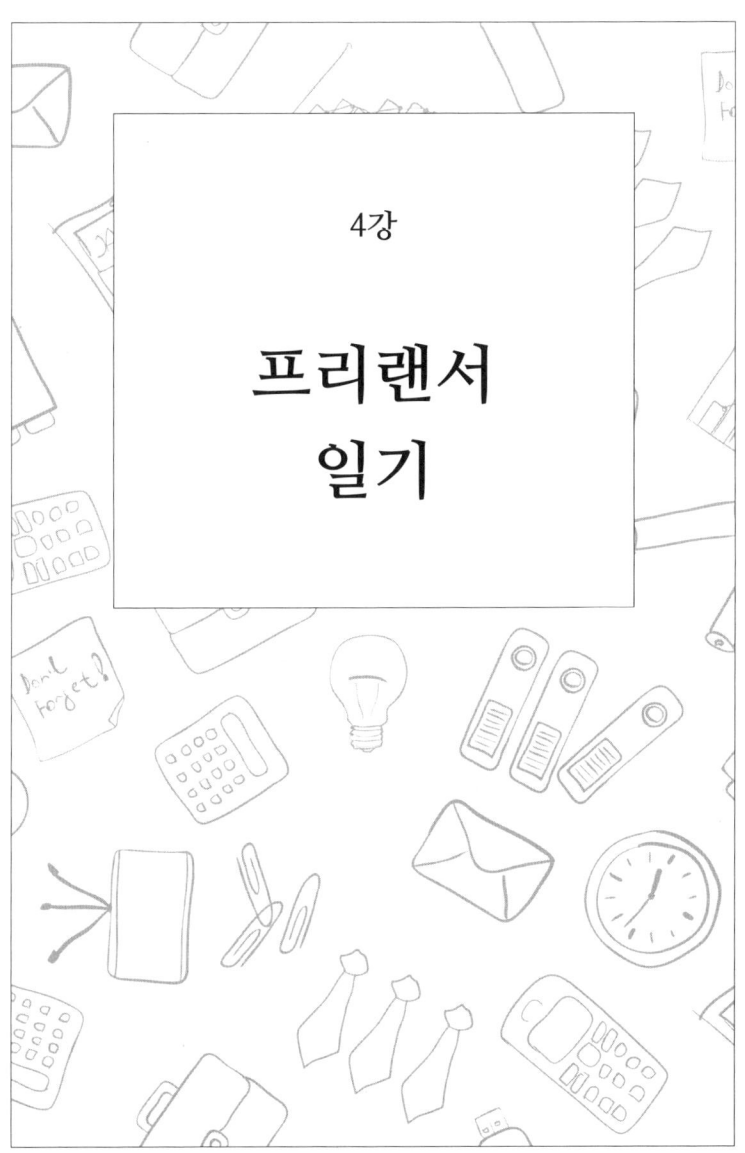

4강

프리랜서 일기

일이 없던 어느 하루

지난 3개월 동안 정말 바빴습니다. 대형 프로젝트도 두 건이나 맡았고, 다른 작은 프로젝트들도 끊이질 않았으니까요. 여행 간 날을 제외하고, 주말을 포함해서 모두 일만 했던 나날이었습니다. 그러다가 3개월 만에 이렇게 한숨을 돌리는 하루가 찾아왔습니다. 아침 10시 30분, 느긋하게 푸근한 하얀색 이불 속에서 바스락거리며 뒹굴뒹굴하다가 11시쯤 일어났습니다.

세수와 양치를 하고 핸드폰으로 메일을 확인하면서 부엌에서 우유를 한 모금 마셨습니다. 보통 기상 시간이 이맘때쯤이다 보니, 식구들은 이미 외출하고 없습니다.

오늘 할 일을 머릿속으로 정리하며 리코타 치즈가 들어간 샐러드와 빵으로 아침 식사를 준비합니다. 이렇게 가볍게 먹는 날도 있지만, 현미밥에 참치 통조림, 김치, 김을 먹는 날도 있습니다. 그날그날 먹고 싶은 메뉴를 고릅니다. 식사하면서 핸드폰이나 노트북으로 간밤에 온 메일에 답장합니다. 오전 11시쯤에 일에 관련된 메일이 많이 옵니다. 아마도 회사원들이 본격적으로 업무에 집중하기 시작하는 시간일 거라고 지레짐작해

봅니다.

적막함이 싫어서 언제나 음악과 함께합니다. 보통 일할 때는 KBS FM93.1 클래식 라디오를 틀어놓습니다. 아이폰으로 가요를 틀어놓을 때도 종종 있지만, 번역 일을 하거나 글을 쓸 때는 번역하거나 쓰는 '말'에만 집중하고 싶어서 가사가 있는 음악은 듣지 않는 편입니다. 내일까지 납품인 파일부터 열어 최종 점검하며 본격적으로 일을 시작합니다. 일하다 보면 중간중간 새로운 일감이 날아옵니다. 업체 메일들을 VIP 발신자로 지정해두어서 메일이 올 때마다 자동으로 핸드폰에 알람이 뜹니다. 즉각 일감을 확인해봅니다. 작은 일감이라 두 시간 만에 뚝딱 해결했습니다. 내일까지 마감인 파일을 마저 점검하고 납품하고 나니, 한가해졌습니다.

요가 매트에 누워서 마사지 볼을 이용해 마사지를 합니다. 한 손에는 핸드폰을 들고 E-Book을 봅니다. 텍스트를 읽고 쓰는 게 일이니, 바쁠 때는 업무용 텍스트로 벅차서 다른 글은 보지 않는 편입니다. 하지만 이렇게 한가할 때는 가끔 한국 작가가 쓴 책도 읽습니다. 소설보다는 좀 더 일상적인 느낌이 잘 풍겨 나오는 에세이를 선호합니다. 다른 사람들은 어떤 식으로 글을 쓰고 말을 하는지 살펴봅니다. 이런 독서가 좋은 번역의 밑거름이 될 거라고 믿습니다.

블로그나 SNS에 글을 쓰기도 합니다. 평일이고 휴일이고 구분 없이 끝없이 글을 읽고 쓰며 사는데, 쉬는 시간에도 블로그에 글을 쓰며 쉰다는 사실이 참 아이러니합니다. 글을 쓴다는 행위 자체가 지겹지는 않은가 봅니다. 지금도 이렇게 글을 쓰고 있으니까요.

솔직히 이렇게 일이 없는 한가한 날은 백수와 다름없습니다. 인터넷을 하며 시간을 보내고, 잡다한 글을 씁니다. 스트레칭도 하고 운동을 하기도 합니다. 강박적으로 메일을 확인하긴 하지만, 오늘은 어쩐지 조용합니다. 취업 사이트에도 새로운 일감들이 올라오지 않습니다. 이럴 때는 직장 다니는 친구들에게 심심하다고 문자로 몇 번 하소연하지만, 그들이 보기에 배부른 소리일 거 같아 계속 칭얼대기도 민망합니다. 프리랜서가 반백수라는 말은 틀린 말도 아닙니다. 일이 없는 날에는 정말 느긋하고, 여유롭고, 할 일이 없어서 따분합니다.

저녁에 식구들이 들어오면 그제야 떠들썩한 집안에서 수다도 떨고, 밥도 먹습니다. 방 청소를 하고, 무드등을 켜고 서점 사이트를 둘러보면서 최근에 어떤 책이 유행이고, 읽을 만한 책이 있는지 살펴보고 사기도 합니다. 더운 여름날, 시원한 에어컨을 틀고 하얀 이불 속에서 책을 읽다가 잠이 듭니다. 내일은 두근거리는 일감들이 많이 들어왔으면 좋겠다고 바라면서.

너무나도 바빴던 어느 날

새벽 3시까지 작업하고 눈을 잠깐 붙인다는 것이 아침 8시까지 자 버리고 말았습니다. 마감까지 조금 여유는 있지만, 이번 일은 짧은 시간에 많은 양을 소화해야 하는 작업입니다. 부지런히 작업해야 마감 전날에 안정적으로 번역물을 납품할 수 있습니다.

솔직히 한가할 때보다는 이렇게 바쁠 때가 좀 더 살아있다는 느낌입니다. 아, 난 이렇게 많은 일을 하고 있구나, 많은 돈을 벌고 있구나……. 회사에서는 한가하든 바쁘든 정해진 월급을 받지만, 프리랜서는 자신이 얼마나 바쁘냐에 따라 수입이 달라지기 때문입니다. 그달 들어온 수입은 얼마나 열심히 일했느냐에 대한 살아있는 증거입니다. 그러니 더욱 뿌듯할 수밖에 없습니다.

카페라테 한 잔을 마시며 다시 아침 9시부터 열심히 번역합니다. 이런 큰 프로젝트는 트라도스를 이용해서 작업하는 경우가 많습니다. 트라도스에서는 글자 수, 단어 수가 몇 개고, 지금까지 몇 글자를 번역했으며, 앞으로 몇 글자가 남았는지 분량을 쉽게 확인할 수 있어서 편리합니다. 앞으로 작업에 필요한 시간도 가늠해볼 수도 있습니다.

두 시간 정도 일을 하고, 오전 11시쯤에 기지개를 피고 침대에 눕습니다. 너무 많은 글자를 본 탓에 머리가 어지러워, 멍하니 천장을 바라봅니다. 이때는 트위터나 블로그 같은 텍스트들마저도 보기 싫어집니다. 시원한 물을 한 컵 마시고, 에어컨 바람을 느끼며 기분을 새롭게 다잡습니다. 다시 책상 앞에 앉아, 키보드를 두드립니다.

아직 한참 남은 일을 하면서, 끊임없이 들어오는 새로운 일감에도 대응합니다. 일본, 미국, 한국의 여러 업체에서 연락이 옵니다. 오늘은 특히 더 바쁜 날입니다. 하지만 다행히 볼륨이 큰일은 들어오지 않아, 잠깐씩 짬을 내어 처리하면 됩니다. 바쁘다고 일을 쳐내면, 일을 제안한 업체에 안 좋은 인상을 줄 수도 있어서 조금 무리를 해서라도 일을 받는 경우가 많습니다.

점심시간은 따로 없습니다. 당장 일 처리가 급하니까요.

부엌에서 빵 몇 조각을 주워 입에 넣으며 다시 책상 앞에 앉습니다. 그래도 집에 혼자 있으니 온전히 일에 집중하기에는 최적의 환경입니다.

계속 일을 합니다. 모니터 앞에 자석이라도 달린 듯이 착 붙어서요. 언제까지 계속해야 하냐고요? 일을 마칠 때까지 계속 이 상태로 일해야 합니다. 참 희한하게도, 새로운 일감은 꼭 바쁠 때 찾아옵니다. 이미 큰 프로젝트 하나로 바쁜데, 평소에는 통 연락이 없던 업체에서 갑자기 연락이 와 새로운 일감을 안겨줍니다. 고맙기도 하지만, 이 타이밍, 어떻게 좀 안되나 고민됩니다. 하지만 일감이 들어오는 타이밍을 조절할 수 있다면 그건 프리랜서가 아니지 않을까요. 바쁜 시기가 끝나면 또 한가한 시기가 몰려올 테니, 그때를 대비해 열심히 일하는 수밖에 없습니다. 언제 일이 끊길지 모르니, 겨울을 대비하는 다람쥐가 도토리를 열심히 모으듯 분주하게 일을 하는 바쁜 요즘입니다.

일하면서 쇼핑은 자제해야!

일하면서 쇼핑은 자제하자! 늘 생각하지만 좀처럼 실천할 수 없는 일입니다. 모니터 앞에서 키보드를 두드리고 있으면 '이렇게 돈을 열심히 버는데!'라는 마음에 저도 모르게 인터넷 쇼핑 사이트를 열게 됩니다. 아무도 모니터를 감시하지 않으니 인터넷 쇼핑을 한다고 누구에게 핀잔을 듣는 것도 아닙니다. 아주 편한 마음으로 원하는 물건을 최저가로 검색해보곤 합니다.

물론 쇼핑은 좋은 동기부여가 되기도 합니다. '아, 이렇게 예쁜 물건이 있다니! 나도 사야지!'하며 열심히 번역합니다. '신용카드로 미리 구매하고 지금 작업하고 있는 일의 번역료로 갚아야지!'라는 생각도 합니다. 이런 생각은 사실 위험합니다. 돈은 실제로 자신의 수중에 들어왔을 때 써야 합니다. 그렇지 않으면 빚을 갚느라 남는 돈도 없어서, 정작 필요한 일에 쓸 돈이 없기 때문입니다.

이런 일이 반복되면 번역한 보람도 느낄 수 없고, 계속 빚에 허덕이는 생활을 하게 됩니다. 비슷한 이유로 할부 구매도 좋지 않습니다.

저는 요즘 인터넷 쇼핑을 자제하고 있습니다. 일할 땐 컴퓨터로 트라도스나 번역을 위한 오피스 프로그램만 사용하고, 쉴 때만 핸드폰으로 쇼핑몰을 조금 들락날락하는 정도입니다. 이런 습관이 오래 유지 되었으면 좋겠습니다.

노트북과 함께 휴가를

지난여름, 휴가로 말레이시아 코타키나발루와 일본 도쿄에 다녀왔습니다. 도쿄에는 여러 번 가봤지만, 코타키나발루는 처음이었습니다.

여행을 가며 제일 먼저 챙긴 짐은 노트북이었습니다. 언제 어디서나 들고 다니며 일감이 들어올 때를 대비하기 위해서입니다. 틈이 나면 번역 중인 책 작업도 하고 싶었거든요. 이렇게 여행지든 어디든 노트북을 들고 다니는 생활은 5년 전 프리랜서 번역가를 시작할 때부터 쭉 계속되고 있습니다. 갓 번역을 시작한 초보 번역가 시절, 일감이 하나라도 아쉬웠습니다. 초보 번역가인 만큼 일감이 들어올 확률도 낮았는데, 그 적은 확률을 놓치지 않기 위해서 저는 언제나 노트북을 들고 다녔습니다. 언제 어디에서 일감이 들어올지 모른다, 이메일로 파일을 언제든 확인해야 한다……. 강박적이지만, 지금 생각하면 좋은 자세였던 거 같습니다. 그만큼 일감을 하나라도 더 얻고 싶은 절박한 마음이었습니다.

코타키나발루로 향하는 비행기 안에서 다섯 시간 동안 키보드를 두드렸습니다. 밤 비행기라서 모두 잠을 자고 있었는데, 혼자 노트북을 켜고 일을 하고 있으니 승무원이 다가와 독서 등을 켜주겠다고 말을 걸었습니다. 한참 노트북을 두드리다 슬쩍 비행기 창을 바라보니 해가 뜨고 있었습니다. 하늘에서 번역과 함께 아침을 맞이했습니다. 실제로 그렇게 전전긍긍하며 노트북을 들고 다닌 보람이 있었냐고 물어본다면, 네, 정말 있었습니다. 그것도 꽤 많이요. 이상하게도 일본이나 해외에 가려고 하면 늘 일이 쏟아져 들어왔습니다. 일본 나리타 공항에 막 도착해서는 단행본 번역을 맡아달라는 전화를 받았고, 코타키나발루로 출발하는 인천 공항에서는 번역 리뷰 일을 맡아달라는 연락을 받았습니다. 더군다나 전혀 예상하지 못한 업체에서 연락이 왔습니다. 이럴 때면 역시 노트북을 제일 먼저 챙기길 잘했구나, 하는 생각에 뿌듯해집니다. 휴가지에서도 한국에 돌아가면 할 새로운 일에 대한 기대로 한층 더 설레는 휴가를 보낼 수 있었습니다.

모든 사람이 저처럼 노트북을 언제나 끼고 살면 좋다고 이야기하는 것은 아닙니다. 각자의 사정과 성향이 있으니까요. 다만, 행운이 언제 어디서 찾아올지 모르는 것처럼, 번역가에게는 일감이 언제, 어디서 찾아올지 모르는 행운과도 같습니다. 최소한 주어지는 그 행운을 놓치지 말길, 여러분을 번역가로 만들어줄 기회를 꼭 잡아낼 수 있기를 진심으로 바랍니다.

때로는 자신의 글도 써보자

번역가가 때로는 자신의 글을 써보는 것도 좋다고 생각합니다. 번역도 글을 쓰는 직업이니까요. 평소에도 어떻게 해야 자연스러운 문장을 쓸지 고민하는 과정이 필요합니다. 저만해도 블로그를 통해 번역에 관한 글을 쓰고 있고, 이렇게 책도 쓰고 있습니다.

사실 번역에서는 주제를 생각할 필요도, 어떤 식으로 글을 쓸지 구상할 필요도 없습니다. 왜냐하면, 이미 있는 글을 번역만 하면 되기 때문입니다. 하지만 자신의 글을 쓸 때는 주제에서부터 막히곤 합니다. '오늘은 어떤 글을 써야 하지?' 저는 이런 고통을 에세이 『걸스 인 도쿄』 집필 작업에서 처음으로 느꼈습니다.

제 꿈은 번역가 겸 작가가 되는 것이었습니다. 그렇기에 번역 활동을 하면서 글을 쓸 기회를 계속 찾아 헤맸습니다. 그러다가 우연히 블로그를 통해 도쿄에 대한 에세이집 제작에 참여하게 되었습니다. 저의 첫 글 작업이었습니다.

그동안 화장품에 대해서 잡담을 늘어놓는 블로그 글을 제외하고는 제대로 쓴 자신의 글이 없었습니다. 그러다 보니 특정 주제에 맞추어 글을 써 보기는 처음이었습니다. 작업에 참여하기로 하고 '아, 도쿄에서 많은 일이 있었으니 그런 걸 써보면 되겠지'하고 가볍게 생각했습니다. 그런데 웬걸요. 간단한 일이 아니었습니다.

도쿄에서 있었던 많고 많은 일 중, 책에 담아낼 수 있을 만한 에피소드를 고르는 일은 쉽지 않았습니다. 그리고 그 에피소드를 좀 더 구체적인 이야기로 만드는 작업도 만만치 않았습니다. 도대체 어떻게 하면 내가 겪었던 일들을 좀 더 재미있고 흥미롭게 이야기할 수 있을까? 라는 생각에 막막했습니다.

나중에 책이 나온 뒤 다른 작가분들의 글을 보았고, '아, 정말 다양한 이야기를 하셨구나, 나는 왜 이런 이야기들을 못 했을까?' 하고 조금 후회했습니다. 그리고 앞으로도 계속 번역과 글 쓰는 일을 같이하겠다는 결심을 굳혔습니다.

『걸스 인 도쿄』가 나왔을 때, 제 분량은 정말 적었지만, 말로 표현 못 할 뿌듯함을 느꼈기 때문입니다. 그 멋진 기분을 계속 느끼고 싶습니다.

번역가로서 자연스러운 문장을 쓰기 위해서라도, 작가로서 계속 뿌듯함과 보람을 느끼기 위해서라도 저는 앞으로도 계속 제 글을 써나가고 싶습니다. 제 글을 읽는 독자들을 생각하면 무척 설렙니다. 앞으로 계속 번역가 겸 작가로 살아가고 싶습니다.

백수로 오해받기도 한다

제 방 벽에 하얀색 선반을 하나 달기로 했습니다. 아파트 관리사무소 아저씨가 벽에 못을 박아주러 오셨습니다. 저는 여느 날과 마찬가지로 집에 있었고, 아저씨가 일하는 모습을 옆에서 조용히 지켜보고 있었습니다.

"쉬시는 날인가 봐요?"

아저씨가 물으셨습니다. 아니요, 제가 대답했습니다. 아무래도 평일 낮, 집에 사람이 있는 경우가 드물어서 그렇게 물어보신 듯했습니다. 집에서 번역 일해요, 대답을 덧붙이자 아저씨가 이해가 간 듯 고개를 끄덕이셨습니다.

이런 일은 한두 번이 아닙니다. 평일 낮에 미용실에 가면, "쉬시는 날인가 봐요?"라는 말을 종종 듣습니다. 한창 사무실을 마련해서 출근하던 때여서 "아니요, 이거 끝나고 사무실 가려고요" 디자이너분이 "아, 그러시구나. 잠깐 나오신 거예요?" 나는 "아뇨, 이제 출근해요. 근데 제가 사장이라서 괜찮아요"

순간 '제가 사장이라서' 부분에서 왠지 혼자 으쓱한 기분을 느꼈습니다. 실제로 개인 사업자인 데다가 사무실도 있었으니

틀린 말은 아니었지만요.

직장인들은 평일 낮에 대부분 사무실에서 일하니, 평일 낮에 가게를 방문하면 다들 '쉬는 날인가보다' 하고 생각합니다. 때로는 백수 취급을 받을 때도 있습니다. 너무나도 자유롭게 평일 낮에 동네를 돌아다니니까요. 오해하지 말라고 하는 건 아닙니다. 오해하셔도 상관없습니다. 오히려 평일 낮에 동네를 돌아다닐 수 있는 자유로운 프리랜서라는 사실을 마구 뽐내고 싶습니다.

평일 낮에는 미용실 할인율도 높고, 카페에 사람도 적어서 한산한 분위기를 듬뿍 누릴 수 있습니다. 헬스장도 오전 11시쯤 가면 사람이 적어서 운동 기구 사용을 기다리지 않아도 됩니다. 백수로 오해받아도 이 정도면 꽤 괜찮은 삶이 아닌가 싶습니다.

연휴·주말의 프리랜서 번역가

　오늘은 일요일입니다. 일요일이라 국내 업체에서는 보통 연락이 없지만, 아침부터 해외 업체에서 일감이 들어왔습니다. 이렇게 휴일에 들어오는 일감은 월요일이 되기 전까지가 마감인 경우가 많습니다.

　우유와 캡슐커피로 카페라테를 만들어서 의자에 앉습니다. 거실에서는 TV 소리가 조금 들립니다. 방 안에 조금 잔잔한 음악을 깔고, 업체에서 보내온 메일을 천천히 확인합니다. 보통은 일본어로 커뮤니케이션하지만, 가끔 영어로 메일이 올 때도 있으니, 세심하게 잘 읽어봐야 합니다.

　다행히도 1,500자 남짓인 작은 번역일입니다. 한두 시간이면 되는 일이니, 다른 일감들의 마감이 급하지 않은지 확인한 뒤 작업을 진행합니다. 연속된 연휴가 있는 이번 주는 일본의 명절인 오봉(8월 15일 전후의 일본 연휴)도 끼어있습니다.

　프리랜서는 공휴일이나 연휴에 큰 영향을 받지 않지만, 일을 주는 업체는 쉬는 때가 많습니다. 이런 날에는 업체에서 연락이 오지 않아 한가합니다. 하지만 반대로 연휴가 시작되기 전날 큰 프로젝트를 프리랜서에게 안겨주고 연휴가 끝날 때까지 마감해달라는 과제를 던져주는 일도 있습니다. 저는 이번에도 이런 식으로 연휴가 시작될 때 프로젝트를 하나 받았습니다. 15,000자 정도의 작업이라 5일이나 되는 연휴 동안 천천히 작업할 수 있었습니다.

주말에는 친구들을 만나거나 식구들과 외식을 하기도 합니다. 하지만 이 역시 일이 쌓여있을 땐 불가능한 일입니다. 나만 바쁜 척하는 것 같아 민망하기도 하지만, 그래도 일에 최선을 다하고 싶으니 주말도 상관없이 매달립니다. 일반 직장인에게 휴일은 쉬는 날이지만 프리랜서는 휴일이라고 반드시 쉬지는 않습니다. 요일과는 무관한 직업이라는 걸 실감하고 또 실감합니다.

에필로그

번역가의 길을 고민하는 20대에게

안녕하세요. 20대 중반에 일본어 번역가의 길을 걷기 시작해 지금은 30대에 이른 박현아입니다.

처음에는 저도 고민이 많았습니다. 막연하게 번역가가 되고 싶다는 생각은 했지만 당장 프리랜서를 하기에는 모든 것이 너무나 불안정해 보였습니다. 취업을 할 수 있는 현실적인 나이 제한도 있다 보니 지금은 취업해서 돈을 모으고 나중에 프리랜서를 하는 게 어떨까? 라는 생각도 많이 했습니다. 하지만 저는 추진력이 굉장한 사람입니다. 하고 싶은 건 지금 당장 해야 하고 가지고 싶은 건 지금 당장 가져야 하는 사람이기에 그냥 저질러 버렸습니다.

다른 친구들은 취직하거나 공무원 시험 준비를 하며 미래를 향해서 뭔가 착실히 나아가는 것처럼 보였습니다. 하지만 저는 너무나도 불안정한 미래를 향해서 노력해야만 했습니다. 그렇기에 더욱 절박했습니다. 불안정한 미래를 안정된 미래로 만들어야만 했습니다. 워킹홀리데이를 떠난 때가 스물여섯 살, 한국에 돌아와서 가능한 일은 번역밖에 없었습니다. 물론 재취업을 할 수도 있었고, 실제로 몇 번이나 재취업을 했지만 모두 잠시

다니고 그만뒀습니다. 저는 번역을 하고 싶었고, 집에서 일하는 프리랜서가 되고 싶었으니까요. 다른 직업은 아무것도 하고 싶지 않았습니다. '재택근무 프리랜서 번역가'. 그것이 제 꿈이었습니다.

지금 30대인 저는 26살에 꿈꾸던 미래를 손에 넣었습니다. 집에서 일하고, 어느 정도 이상의 돈을 버는 프리랜서. 꼭 돈을 잘 벌어야 했습니다. 다른 친구들이 회사에서 받는 수입, 또는 그 이상의 돈을 벌어야만 했습니다. 친구들과 가족들 앞에서 당당해지고, 인정받고 싶었기 때문입니다. 회사를 안 다니고 프리랜서 번역가를 하니, 또래보다 돈을 못 번다는 얘기는 죽어도 듣기 싫었습니다. 그건 제가 선택한 번역에 대한 모독이라고 생각했습니다.

지금은 저 스스로가 만족할 만한 수입을 올리고 있습니다. 앞에서도 계속 언급했듯이, 프리랜서 번역가는 너무나도 불안정한 직업이기에 이러한 수입을 올릴 수 있을지 없을지는 자기 노력과 운에 달렸습니다. 전 그동안 운이 좋게 큰 프로젝트를 여러 개 맡을 수 있었고, 그 프로젝트를 맡기 위해 끊임없이 영업하고 노력했습니다. 순수한 제 노력으로 이러한 수입을 만들었습니다.

제가 번역가가 될까 말까 고민하는 20대에게 드리고 싶은 이야기는 조금 막무가내일지도 모릅니다. 번역가가 되고 싶다면,

지금 당장 그 길에 뛰어들라고 말씀드리고 싶습니다. 당장 생계가 급하지만 않다면요. 물론 지금은 취업해서 직장생활을 몇 년 한 뒤, 30대에 회사를 그만두고 프리랜서 번역가가 될 수도 있겠지요. 하지만 당장 외국어와 무관한 회사에 취업한다면, 지금 익힌 외국어 실력이 그때까지 계속 유지되리라는 보장이 어디에도 없습니다.

저만해도 몇 년 전에 그 어렵다는 대학 편입시험에 영어만으로 합격했는데, 지금은 영어를 굉장히 못 합니다. 취업 준비를 위해 열심히 외국어를 공부했을 지금이 여러분 인생에서 외국어를 제일 잘하는 시기일지도 모릅니다.

또한, 30대 중반에 여러분이 과연 쉽게 이직할 수 있을지도 의문입니다. 직장 내에서 고생고생해서 대리, 과장쯤 달았을 나이겠지요. 고생한 세월과 직장 내의 커리어, 받고 있는 연봉을 모두 포기하고 한 달에 30만 원밖에 못 벌지 모르는 불안정한 번역가로 쉽게 이직할 수 있을까요? 사람에 따라 다르겠지만 저는 그리 쉽지 않은 결정일 거라 예상합니다. 그러니, 번역가가 되고 싶다면 지금 하라고 말씀드리고 싶어요. 왜냐하면, 잃을 게 없으니까요. 뒷걸음질 칠 곳이 없어야 절박해지고, 성공할 확률이 높습니다.

번역가가 되고 싶고, 당장 생계에 큰 문제가 없다면 지금 시작하세요. 절대로 늦은 나이는 아닐뿐더러 오히려 빠른 나이입니다. 절박함을 가지고 도전한다면 꼭 이뤄낼 겁니다. 제가 그랬으니까요. 분명 될 수 있습니다. 먼 미래가 아닌 가까운 미래에, 자신이 원하는 환경에 둘러싸여 멋지게 일하는 번역가가 될 수 있습니다.

프리랜서를 고민하는 30대에게

　매일 반복되는 지루한 일상, 발전이 없는 회사일, 지긋지긋한 직장 내 인간관계에 지쳐있을지도 모릅니다. '아 나도 집에서 번역이나 하고 싶다!'하고 막연히 생각하고 있진 않으신가요? 하지만 막상 퇴사하고 번역가를 꿈꾸자니, 너무나도 불안정하고, 쌓아놓은 커리어가 너무 아깝진 않으신가요?

　만약에 당신이 직장에서 받던 300만 원 정도의 월급과 지금까지의 업계 경력을 모두 포기하고서라도 번역이 좋아 번역가가 되고 싶으시다면? 반드시 도전하라고 말씀드리겠습니다. 그 정도 각오라면 꼭 성공하리라 생각합니다. 하지만, 번역가가 되면 당장은 300만 원이 아닌 30만 원으로 생활해야 하고, 경력도 처음부터 다시 쌓아야 하며, 남들에게 백수로 오해받을 수도 있습니다.

　지금 당신이 취업을 못 했고 공무원 시험공부만 5년째에, 어디에도 물러설 곳이 없는 30대라면 번역을 적극적으로 추천해 드리겠습니다. 물러설 곳이 없으니, 적어도 지금 번역을 시작해도 잃을 것이 없기 때문입니다. 하지만 멀쩡히 직장생활을 잘하고 있고 꼬박꼬박 안정적으로 월급 통장에 돈이 들어오는 30대라면 저는 그다지 번역을 추천하지 않겠습니다. 리스크가 너무 크기 때문입니다. 그런데도 번역을 하고 싶다, 난 굶어 죽어도 번역으로 굶어 죽을 테다, 라는 마음이라면 번역을 하십시오. 하지만 그 모든 걸 포기한 만큼, 큰 리스크를 떠안은 만큼 잘하셔야 하며 반드시 성공해야 한다고 마음을 단단히 먹어야 합니다.

프리랜서 번역가 인터뷰

• 박주현 번역가 •

프로필

강남대학교 문헌정보학과 학사과정 수료

일본 니가타 국립대학교 인문과학연구과 표상문화 석사과정 수료

○○번역 일본어 PM

○○리서치 RA(Research Assistance)

법무법인○○ 일본 분야 담당

IT, 법률, 경제, 의학, 기계 분야 등의 각종 매뉴얼 및 브로슈어, 논문 번역. 문학작품으로 '마지널' 등 J Novel 시리즈 번역, '상해 연가' 등 TL 시리즈 번역.

손가락이 부러질 때까지 번역해서 먹고 사는 게 꿈인 천생 번역가입니다.^^

번역 언어 : 일본어

번역 분야 : 제품 매뉴얼, 도서 번역

통역 일도 같이하시나요?

프리랜서로 처음 활동할 때는 통역 일도 거의 비슷한 비중으로 일했어요. 그런데 터무니없는 통역비 저하 등의 이유로 현재 통역 일은 거의 하지 않고 있습니다. 물론 적절한 통역비와 제가 할 수 있는 분야의 통역 일이 들어오면 언제든지 다시 해보고 싶은 생각이 있습니다.

번역 경력과 프리랜서 번역 경력이 어느 정도 되시는지요?

본격적으로 번역 일을 하게 된 것이 2005년이므로 올해로 12년째이고 2007년부터 전문 프리랜서로 활동해서 올해로 딱 10년째입니다. 2004년에 일본에서 대학원을 졸업하고 곧바로 한국으로 돌아와 취직해 3년간의 회사생활을 거친 후 프리랜서로 전향했습니다. 첫 번째 직장인 번역 에이전시에서는 PM이라는 직책을 맡게 되어 그때는 번역 자체는 하지 않고 매니지먼트를 주로 했고, 그 후에 취직한 리서치 회사와 법무법인에서는 주로 통·번역을 했습니다.

어떤 계기로 번역가가 되셨는지요?

뚜렷한 계기가 있었던 것은 아니지만, 독학으로 일본어 공부를 하던 중에 알게 된 요시모토 바나나의 소설을 읽고 '아~! 이런 멋진 문장을 내 손으로 다시 한번 새롭게 탄생시키고 싶다'라는 생각을 한 것이 계기라면 계기가 된 것 같습니다. 원래 책을 읽거나 글 쓰는 것을 좋아하는 편이었는데, 소설가가 될 만한 재능은 없어도 다른 나라 말로 된 멋진 글들을 제 손으로 새롭게 탄생시키고 싶은 욕망이 강했습니다. 실은 이런 생각이 계기가 되어 일본 유학까지 가게 된 만큼, 그 누구보다 번역가가 되고자 하는 의욕은 강했습니다. 고등학교 때 그다지 공부를 열심히 하지 않아 영어에는 자신이 없었고, 대학에서 문헌정보학을 전공하면서 잠깐 배웠던 일본어에 강한 매력을 느꼈으며, 한자만큼은 그 누구보다 자신이 있었던 터라 한층 더 일본어라는 언어에 매력을 느꼈습니다.

프리랜서 번역가가 되기로 한 계기가 있을까요?

직장생활을 그다지 오래 하지 않았지만, 3년이라는 짧은 회사생활만으로도 제가 조직과는 맞지 않는 사람이란 걸 깨달았습니다. 회사에서의 인간관계가 어려웠던 것은 아니지만, 매일 오전 9시에 출근해 오후 6시까지 엇비슷한 일을 반복한다는 것이 무엇보다 힘들었습니다. 특히 마지막 회사였던 법무법인에서는 특성상 다른 직장보다 직급에서 불평등한 차별이 심해 더욱더 회의감이 들었습니다. 그러던 차에 개인적인 사정까지

더해져 아무런 미련 없이 직장이라는 틀을 벗어나 프리랜서로 활동하기로 결심하게 되었습니다.

프리랜서 번역가의 가장 큰 장점은 무엇일까요?
가장 큰 장점은 시간이 자유롭다는 것입니다. 여행을 좋아하는데 비수기에 저렴한 가격으로 여유롭게 여행을 다닐 수 있습니다. 예전에 회사 다닐 땐 좀처럼 엄두가 나지 않던 운동(요가)도 매일매일 다니고 있습니다. 올빼미족인 제가 아침 기상 시간에 구애받지 않고 일어난다는 것도 큰 장점 중 하나입니다. 이렇게 쓰고 보니 정말 제가 게으른 베짱이가 된 것만 같은 기분이 드네요 (웃음).

프리랜서 번역가라서 힘든 점은 무엇일까요?
모든 프리랜서분이 공감하겠지만, 일정치 않은 수입을 꼽을 수 있습니다. 저 같은 경우, 무리해서라도 한 달에 소액(30만 원)이라도 저축을 하고 있지만, 수입이 너무나 불규칙적이기 때문에 어떤 달은 이 금액조차 부담이 됩니다. 그리고 인간관계가 좁아진다는 단점도 있어요. 회사생활을 하면서 인간관계에 치이다 보면, 오히려 그런 복잡한 인간관계를 맺지 않아도 되니 편한 것 아니냐고 생각할 수도 있지만, 저는 다양한 사람을 접하는 일이 무엇보다 중요하다고 생각하기에 다소 아쉬운 마음이 있습니다. 물론 프리랜서를 하다 보면 여러 번역 업체의 PM 분들과 연락은 하지만, 대부분 얼굴도 모른 채 메일이나 전화상으로 모든 일을 진행하기에 사실상 친분을 쌓긴 어렵습니다.

일과를 간단하게 스케치해주세요.

많은 분량의 프로젝트를 진행 중일 때와 그렇지 않을 때가 다릅니다. 전자의 경우, 정해진 기한 내에 많은 분량을 소화해 내야 해서 새벽까지 일하는 경우가 많습니다. 그럴 때는 거의 하루 두 끼 식사만 하고 일합니다. 평소에는 다소 늦은 시간에 기상해 아침 겸 점심을 먹고 운동(요가)을 한 후 저녁 식사를 한 다음에 일하는 경우가 많습니다. 저는 야행성 중에서도 손꼽히는 야행성에 속해서 주로 해가 저물면 일합니다. 해가 지고 어둑어둑해져야 일에 집중이 잘 되는 편입니다.

일 잘 할 수 있는 비결 하나 정도 공개? 많이 해주시면 좋습니다.

글쎄요. 제가 그다지 노력하는 스타일은 아닌 것 같아 뭐라고 말씀드리기 좀 그렇지만, 제 경우에는 일이 없거나 자기 계발이 필요하다고 생각되면 한국어로 번역된 소설을 읽으며 문장력을 키우기 위해 노력합니다. 대부분 외국어 실력이 뛰어나야 좋은 번역가가 될 수 있다고 생각하지만, 제 경험상, 외국어 실력보다는 모국어를 잘 해야 합니다. 물론 모국어->외국어로 번역하는 경우는 조금 예외긴 합니다.

일본어는 명사가 발달한 언어고 한국어는 형용사가 발달한 언어입니다. 저는 소설을 읽으며 특히 의태어, 의성어, 수식어를 어떻게 번역했는지 체크해 둡니다. 이는 더욱 풍성한 표현과 매끄러운 문체 작성에 도움이 됩니다. 체크한다고 해서 특별히 메모장 등에 적어놓지 않아도, 신기하게도 필요한 순간 체크해 두었던 표현이 떠올라 도움이 되는 경우가 많습니다. 원본과 번역본이 있을 때, 일단 원본을 번역해 보고, 그다음 서적으로 나온 번역본과 제가 번역한 문장이 어떻게 다른지 비교해 봅니다. 이런 방법으로 어떻게 문장을 표현해야 오역 없이 자연스럽고 매끄럽게 읽히는지 습득하기도 실력을 높이는 좋은 방법입니다.

신조어는 번역하기 까다롭습니다. 신조어를 미리 알아두기 위해 시간이 날 때마다 일본 사이트에 들어가 체크하곤 합니다. 우리나라도 그렇습니다만, 일본은 줄임말을 많이 써서 간혹 전혀 감이 잡히지 않는 단어가 출몰하기도 합니다. 언어 감각이 떨어지지 않도록 평소에도 일본어로 된 잡지, 소설, 전공서 등을 읽습니다.

일하면서 가장 중요하게 생각하는 포인트가 있다면?

번역 품질, 번역 속도, PM과의 원활한 소통도 물론 중요하지만 가장 중요한 것은 의뢰자와의 약속이라고 생각합니다. 무슨 일이 있어도 약속한 날짜에 번역본을 납품해야 합니다.

이렇게 말씀드리면 그건 당연한 일 아니냐고 반문하는 분도 계시겠지만, 제가 짧으나마 PM이라는 직종에 종사하며 느낀 점은 의외로 납기일을 안 지키시는 분이 많다는 것입니다. 심지어는 납기 당일에 잠수 타는 분도 계십니다. 아무리 뛰어난 번역가라 해도 이렇게 신뢰에 금 가는 행동을 하면 저 같아도 다시는 일을 주지 않을 것 같습니다.

무슨 일에서나 중요한 부분이지만, 특히 저희 같은 프리랜서에게 신뢰는 목숨과도 같습니다. 물론 저도 사람인지라 약속한 날짜까지 도저히 맞출 수 없었던 경우가 있었습니다. 어쩔 수 없는 경우에는 최소한 2~3일 전에 의뢰자에게 말해 그쪽에서 어떤 조치를 할 시간을 줘야 합니다. 제가 10년 이상 프리랜서 번역가로 살아남을 수 있었던 것은 바로 이 납기일 준수에 충실했기 때문입니다.

주변 프리랜서 번역가의 직업적 만족도는 어느 정도라고 생각하세요?

제가 일본에서 대학원을 나와서 일본어와 관련된 일을 하는 사람은 주변에 많지만, 개인적인 친분을 가진 사람 중에 저와 같은 프리랜서 번역가는 없습니다. 건너서 알게 된 프리랜서 중에서도 다시 회사로 들어가는 경우가 많습니다. 그들에게 프리랜서 시절의 만족도를 물어보면 돌아오는 대답은 항상 비슷합니다.

"오죽했으면 내가 다시 그 지긋지긋한 회사로 돌아갔겠냐……"
그만큼 일본어 프리랜서 번역가로 살아남기 어렵다는 말이겠죠.

여가를 어떻게 보내시는지 궁금합니다.

주로 취미 생활을 합니다. 요즘엔 요가에 심취해서 거의 매일 다니고 있습니다. 여담입니다만, 번역가로 살아남기 위해선 무엇보다 자신의 건강을 잘 챙겨야 합니다. 항상 책상에 앉아 손가락만 놀리는 경우가 많아서 운동은 선택이 아니라 필수입니다. 그 외에 집 근처 도서관에서 일본 서적을 빌려 읽거나 자전거를 타기도 하고, 일반적인 사람들과 별다를 게 없습니다.

프리랜서 번역가로서 수입은 어떠신가요?

정말로 가슴 아픈 일이지만, 10년 전이나 지금이나 번역 요율은 변동이 없는 것 같습니다. 당연히 10년 전보다 물가는 급등했으니 상대적으로 더 박탈감을 느끼곤 합니다. 제 경우엔 솔로에 부모님과 살고 있기에 1년에 한두 번 해외여행을 가거나 취미

생활을 할 수 있는 여유가 있지만, 홀로 독립해 살았다면 그나마 이런 여유도 없었을 것 같습니다. 전문적이고 독보적인 프리랜서 번역가가 아닌 한(특히 일본어의 경우), 경제적으로 만족하는 분은 드물 것 같으며 저 또한 그렇습니다.

지금 하시는 번역 일에서 최종 목표라고 할까요, 이루고 싶은 꿈이 있다면?

원래 목표는 제 이름이 새겨진 번역서를 내자였는데, 그건 어느 정도 이룬 것 같습니다. 아직 영상 쪽 번역은 해보지 못해, 나중에 기회가 생긴다면 영어권 번역가 이미도 씨처럼 제 이름이 담긴 영상물을 극장에서 보고 싶습니다.

앞으로 번역가나 프리랜서 번역가가 되고자 하는 분들께 한마디 하신다면?

번역일은 생각처럼 멋지고 우아하지 않으며 심신에 커다란 스트레스를 받는 직업입니다. 감히 제가 한 말씀 드리자면, 어느 정도 사회생활을 경험한 후에 해도 늦지 않습니다. 너무 이른 나이에 아무런 사회경험 없이 바로 프리랜서가 되면, 사회경험을 통해서만 알게 되는 많은 일을 배울 수 없게 될 수 있습니다. 사회경험을 좀 더 쌓은 후 도전해도 충분하다고 생각합니다.

저희 책에 대한 기대나 하시고 싶은 이야기를 자유롭게 해 주세요.
개인적으로 우연한 기회를 통해 알게 된 박현아 님이 이런 멋진 기획을 하고 계신다고 하셔서 너무 부럽기도 하고 박수를 보냅니다. 현아 님의 개인적인 경험뿐 아니라 여러 프리랜서님의 경험을 잘 녹여 실질적으로 도움이 되는 책을 만들어 주십사 부탁드리고 싶습니다. 현아 님께서 항상 강조하시는(제가 너무나도 취약한) 프로젝트 잘 따는 방법 등도 낱낱이 밝혀 주시면 더할 나위 없을 것 같습니다(웃음). 마지막으로 저 같은 사람에게 꾸준히 10년의 경력이 있다고 이렇게 인터뷰할 기회를 주셔서 너무나 감사합니다.

• 배성인 번역가 •

프로필

경희대학교 의상학과를 졸업하고 직물 디자이너로 일했다. 일본 체류를 계기로 일본어와 일본 문화에 푹 빠져 있다가 귀국 후 글밥 아카데미에서 일본어 출판번역과정을 수료하고 번역가의 길을 걷게 되었다. 『자투리채소 레시피』, 『국물요리』, 『드론 비즈니스』, 『문학으로 떠나는 일본여행』, 요시카와 에이지의 『삼국지』(공동 번역), 『신서태합기』(가제, 출간예정)를 번역했으며 다양한 분야의 서적을 기획하고 있다.

번역 언어 : 일본어

번역 분야 : 도서 번역(출판 번역)

통역 일도 같이하시나요?

통역 일은 하지 않습니다.

번역 경력과 프리랜서 번역 경력이 어느 정도 되시는지요?

2015년부터 시작해서 3년째 프리랜서 번역가로 일하고 있습니다. 그 전에는 모 기업에서 텍스타일 디자이너로 8년간 일했습니다. 주된 업무는 디자인이었지만 업무상 일본에서 들어오는 자료를 번역하기도 했습니다.

어떤 계기로 번역가가 되셨는지요?

대학 시절 일본으로 어학연수를 다녀온 것과 남편의 해외발령으로 4년 동안 체류한 일을 계기로 일본 문화와 문학에 푹 빠져 지냈습니다. 한국에 돌아와서도 일본 드라마를 즐겨 보다가 인터넷 카페 일본드라마 번역팀에 들어가게 되면서 번역을 시작하게 되었습니다. 막상 번역을 시작하니 좀 더 잘하고 싶다는 생각에 번역 아카데미에서 1년 동안 공부했고 우여곡절 끝에 도서 번역을 시작하게 되었습니다.

프리랜서 번역가가 되기로 한 계기가 있을까요?

달리 결정적인 계기는 없었고 취미 생활이었던 드라마 번역이 자연스럽게 일로 이어졌습니다.

프리랜서 번역가의 가장 큰 장점은 무엇일까요?

자기 주도적으로 일을 한다는 점이지요. 비단 번역뿐만이 아니라 프리랜서라는 직업의 장점과 일맥상통합니다. 사람과 장소에 얽매이지 않고 싫어하는 일은 하지 않으며 스스로 계획을 세워 일할 수 있다는 점은 가장 큰 장점입니다.

프리랜서 번역가라서 힘든 점은 무엇일까요?
정신적으로나 경제적으로 스스로 조절해야 한다는 점입니다. 위에서 말한 가장 큰 장점의 이면이라고도 할 수 있지요. 자유롭기는 하지만 자기 주도적으로 일을 찾아야 하고 또 맡은 일은 누가 뭐라 하지 않아도 알아서 해내야 합니다.

일과를 간단하게 스케치해주세요.
본의 아니게 아침형 생활을 합니다. 가족들을 출근과 등교시킨 후 아침 8시부터 3시 정도까지는 대체로 번역을 합니다. 그 후로는 각종 잡다한 일을 처리하고 집안일도 합니다. 저녁에는 못다 한 번역을 하고 책도 읽으며 시간을 보냅니다.

일 잘 할 수 있는 노하우 하나 정도 공개? 많이 해주시면 더 좋습니다.
평소에 일본에 관해 관심을 많이 가지려 노력합니다. 드라마를 비롯하여 저자들이 많이 나오는 토크쇼도 보고 때로는 라디오도 듣습니다. 당장 직접적인 도움이 안 될지 몰라도 어딘가에 반드시 도움이 된다고 생각해요.

일하면서 가장 중요하게 생각하는 포인트가 있다면?

다른 건 몰라도 마감은 꼭 지키려고 노력합니다.

주변 프리랜서 번역가의 직업적 만족도는 어느 정도라고 생각하세요?

제 '주변'이 아주 좁습니다. 도서 번역가 중에서도 일본어 번역가만 알고 있으니까요. 게다가 아직 자리 잡지 못한 경력 2~3년 차 번역가들이 대부분입니다. 사실 제 주변 번역가의 직업적 만족도는 높지 않습니다. 직업적인 만족도를 내적 만족도(자기만족)와 외적 만족도(경제적 보상·사회적 대우·지위·인식)로 나누어 본다면, 이 일은 곁에서 바라볼 때는 모르지만 실상 일을 시작하고 나면 느끼게 되는 외적인 만족도가 상상을 초월하게 낮습니다. 처음에는 내적 만족도에 심취해서 덤벼들지만, 막상 하다 보면 외적 만족도가 걸림돌이 되기 시작합니다. 그래도 계속 번역 일을 하는 사람은 자기만족이 걸림돌을 이긴 경우겠지요.

프리랜서 번역가로서 수입은 어떠신가요?

사실 수입이 좋은 직업은 아닙니다. 특히 제가 주로 하는 도서 번역은 출판계 자체가 불황 탓인지 지난 몇 년 동안은 해가 갈수록 일은 점점 줄어들고 번역료도 낮아지는 기이한 구조를 보입니다. 일의 성취도는 높은 편인데 안정적이고 만족할 만한 수입과 연결되지 못하면서 그것이 직업적 만족도를 떨어뜨리는 요인이 되고 있습니다.

여가를 어떻게 보내시는지 궁금합니다.

일본 방송을 보거나 강아지와 산책합니다.

지금 하시는 번역 일에서 최종 목표라고 할까요, 이루고 싶은 꿈이 있다면?

제가 처음 번역 기획서를 썼던 후지사와 슈헤이(藤沢周平)의 소설을 번역하고 싶어요. 또 질문의 의도와는 살짝 벗어난 답이 될지는 모르지만, 번역가로서는 '원고 청탁이 끊이지 않는' 번역가가 최종 목표입니다.

앞으로 번역가나 프리랜서 번역가가 되고자 하는 분들께 한마디 하신다면?

가장 답변에 고심한 문항인데 마침 지금 번역하는 책에 적당한 구절이 나와서 소개합니다.

'될지 안 될지를 일에 임하기도 전에 먼저 의심하면 일이 될 리가 없다'

저희 책에 대한 기대나 하시고 싶은 이야기를 자유롭게 해 주세요.

사실 '번역가로 멋지게 살기'라는 컨셉의 인터뷰 질문지를 받고는 망설였습니다. 제가 요즘 체감하는 번역가라는 직업에 대한 인식과 온도 차가 너무 컸기 때문입니다. 나만 너무 경직되어 있을 수도 있다는 생각에 저자인 박현아 님의 블로그를 방문해 봤지요. '번역가, 듣기만 해도 멋진 직업', '번역가, 너무나 해보고 싶은 직업'이라는 문구가 눈에 들어왔습니다.

예전에 인터넷 동호회에서 일본드라마 번역하던 시절, 도서관에서 우연히 발견한 『나도 번역 한번 해볼까』라는 책을 읽고 도서 번역가가 되어야겠다고 결심했던 몇 년 전 일이 떠올랐습니다.

'나도 예전엔 저랬는데…….'

이 일을 시작한 지 겨우 3년이지만 그동안 예전에 아카데미 수업 시간에 선생님이 일러주신 '도서 번역가로 일하면서 일어날 수 있는 사례'를 온몸으로 체험하면서 지냈기에 어느새 초심을 잃고 있었나 봅니다. 책의 내용을 다는 모르지만 아마 이 직종에 관해 설명하는 책 중에 가장 낙관적이고 진취적인 책이지 않나 싶습니다. 이 책이 번역가를 꿈꾸는 이들에게는 길잡이가 되고, 실전에서 현실과 맞닥뜨려 고투를 벌이는 번역가에게는 초심을 돌아볼 수 있는 계기가 되었으면 합니다.

• 이소영 번역가 •

프로필

대학에서 일어일문학 수료. 일본계 기업에서 통·번역일을 하다가 좋아하는 책 관련 일을 하고 싶어 번역을 시작했다. 본격적인 번역 공부는 바른 번역에서 시작했다.

옮긴 책으로 『식사순서 혁명』 『아이에게 이것을 먹이지 마라』 『괜찮아 괜찮아』 『돈과 행운을 부르는 정리의 비밀』 『It's MAI SMOOTHIE』 『파니니와 오픈샌드위치』 『빈티지 홈』 『내가 사랑하는 따뜻한 것들』 『에브리데이 키친』 『찬바람 불 땐, 나베요리』 『교양의 시대』 『1분 상식 사전』 『연애론』 등이 있다.

번역 일을 하다가 출판에 재미를 붙여서 1년 전 〈봄고양이〉라는 출판사를 만들었다. 직접 출간한 책으로는 『버리는 연습, 버리는 힘』 『희작삼매』 『미운감정이 있다』 등이 있다. 참고로 출판사 이름인 '봄고양이'는 '봄은 고양이로다'라는 시와 10년 넘게 동거하고 있는 두 고양이에서 비롯된 이름이다. 출판사 대표는 고양이고, 사람은 그냥 직원이라는 설이 있다.

번역 언어 : 일본어

번역 분야 : 도서 번역

통역 일도 같이하시나요?

같이 하지 않습니다.

번역 경력과 프리랜서 번역 경력이 어느 정도 되시는지요?

번역은 7년, 프리랜서 번역은 4년 정도입니다. 번역 경력 총 7년 중 3년간 직장생활을 했습니다. 직장에서 번역만 하지는 않았지만, 관련 업종이었습니다.

어떤 계기로 번역가가 되셨는지요?

일어일문학 전공 후 일본계 기업에 들어가서 일본인 대표이사 비서, 통·번역을 담당했는데요, 직장에서 쓰이는 일본어는 기술번역, 기술통역에 한정되어 있다 보니 어떤 업무의 메인이 아니고 늘 도와주는 조력자 역할을 했습니다. 그런 부분에서 일본어 활용에 대한 만족감이 크지 않았습니다. 어려서부터 책을 좋아하고 주로 일본소설을 많이 읽었던 터라 내가 가장 잘할 수 있는 일이 일본어, 내가 가장 좋아하는 것이 책. 이렇게 두 가지를 조합하여 번역이 저에게 잘 맞겠다고 생각했고, 직장 다니는 동안 번역 공부를 꾸준히 했습니다.

프리랜서 번역가가 되기로 한 계기가 있을까요?

사실 번역가, 특히 일본어 번역의 경우 수입이 많지 않고 일거리 경쟁도 치열합니다. 번역만으로 먹고살기는 쉽지 않기 때문에 직장생활을 병행하는 것이 좋다고 생각합니다. 적어도 고정적인 거래출판사가 생기기 전인 초기에는 그렇습니다. 서둘러 전업 번역가로 나섰다가 생계유지가 어려워서 번역 일을 접고 재취업하는 사람을 많이 봅니다. 조급해지지 않기 위해서라도 번역 외 고정적인 수입은 필요하다고 생각하는데요, 저도 초반 3년간은 직장생활과 번역을 병행하다가 나중에 체력의 한계를 느껴서 직장을 그만두었습니다. 번역일이 끊이지 않고 들어오는 것은 아니지만, 번역일이 있을 때는 직장에서 칼퇴근해야 하고 주말 약속은 잡을 엄두도 못 내고, 퇴근 후 일정 분량만큼 번역하지 않으면 마감을 맞추지 못할 수 있어서 체력 소모가 만만치 않았습니다.

프리랜서 번역가의 가장 큰 장점은 무엇일까요?

자기가 짠 일정에 맞추어 작업할 수 있다는 것이죠. 그리고 시간이 비교적 여유로워서 더 꼼꼼히 번역, 교정할 수 있고요. 그리고 거래출판사에서도 마음 편히 일을 맡길 수 있어서 전업 번역가를 선호할 것이라는 생각이 드네요.

프리랜서 번역가라서 힘든 점은 무엇일까요?

당연히 수입입니다. 배우자가 있고 맞벌이라면 당장 이번 달 수입이 없어도 먹고 살 수 있지만 독신이면 자기의 수입이 전부인데, 번역은 사실 수입이 넉넉하지 않고 번역료도 바로 받지 못하는 경우가 많습니다. 잊고 있다가 보너스처럼 들어오는 느낌이랄까요? 물론 꼼꼼히 잘 챙겨주는 번역 회사도 있지만, 그와 반대로 여러 번 이야기해야 겨우 입금되는 경우도 많고, 동료 번역가 중에는 번역료를 떼이는 경우도 종종 봅니다. 입금일이 명시된 계약서 작성이 중요하다는 생각이 듭니다.

일과를 간단하게 스케치해주세요.

저는 출판사에서 일했던 경력을 살려 최근 1인 출판을 시작했습니다. 번역 일을 계속하다 보니 직접 출간해보고 싶다는 생각이 많이 들었어요. 출판 또한 번역만큼 쉽지 않은 일이지만 아무래도 가장 좋아하고 잘 할 수 있는 일이라 생각되어 새로운 도전을 했네요.

보통 7시경 일어나 아침 스트레칭, 차 한 잔, 신랑과의 아침 식사, 그 후에 9시경부터 집에 혼자 남아 일을 시작합니다. 출판사도 병행하니까 서점에서 책 발주가 있는지 확인하고 일은 비교적 규칙적으로 하는 편입니다. 직장생활의 버릇이 남은 것 같기도 하고 사실 그렇게 정하지 않으면 리듬이 흐트러져서 오래가지 못한다는 생각 때문이죠. 프리랜서 중에는 밤을 새우거나 새벽 시간에 더 집중이 잘 된다는 분들도 있어요. 저도 이십 대에는 그게 힘들지 않았는데 점점 규칙적인 생활의 중요성을 깨닫고 있습니다. 오전 업무, 점심, 오후 업무. 보통 오후 6~7시경에는 일을 마무리합니다.

일과와 별개로, 진행 중인 번역서가 있는 경우, 마감 일자를 기준으로 1차 완역, 1차 교정, 2차 교정, 3차 교정. 이렇게 기간을 나누어 달력에 적어둡니다. 그리고 보통은 그것보다 일찍 끝내려 노력합니다. 그래야 중간에 개인적인 일정이나 문제가 생겨도 마감을 어기지 않을 수 있으니까요.

일 잘 할 수 있는 노하우 하나 정도 공개? 많이 해주시면 더 좋습니다.

국어와 일본어 공부를 꾸준히 하고 책을 많이 읽습니다. 번역서보다는 글이 좋은 한국 작가의 작품을 읽으면 표현력 향상에 도움이 됩니다. 물론 실력 향상이 금방 티가 나지는 않지만 꾸준히 노력해야 합니다. 번역하는 언어, 저의 경우 일본어와 일본에 관한 공부도 꾸준히 하지 않으면 새로 생겨나는 어휘, 문화 등을 잘 알 수 없습니다. 그 나라의 문화, 풍습, 트렌드 등에 관심을 가져야 하겠지요.

일하면서 가장 중요하게 생각하는 포인트가 있다면?

당연히 실력입니다. 실력과 성실함, 번역 중 모르는 표현이 나오면 집요하게 파고들고, 내가 아는 단어라고 해서 대강 번역하지 않아야 합니다. 정말 그 뜻이 맞는지 자기 번역을 계속 의심하는 자세도 중요합니다.

주변 프리랜서 번역가의 직업적 만족도는 어느 정도라고 생각하세요?

높지 않습니다. 전업 프리랜서 번역만 하시는 분이 많지 않고, 그

분들도 힘들어하시더군요. 경력이 삼십 년 가까이 되신 분이 '이제야 전업할만하다'라고 하시는 걸 보고 정말 쉬운 일이 아니라는 생각이 들었습니다. 앞으로의 세상은 어떤 일이든 그렇겠지만, 단 하나의 일에만 매달려서는 살아남을 수 없겠다는 생각이 듭니다. 번역이라는 것이 단순히 언어 해석이 아니고 여러 가지 상황에 대한 이해도 있어야 하기에 가능한 많은 분야, 특히 자기 자신이 흥미 있는 분야에서 경험을 쌓고, 관심의 끈을 놓지 말아야 번역도 오래 할 수 있지 않을까 싶습니다.

여가를 어떻게 보내시는지 궁금합니다.

늘 앉아서 작업하기에 어깨, 손목, 목 등이 좋지 않습니다. 그래서 여가에는 요가, 산책 등 운동을 늘 하려고 합니다.

프리랜서 번역가로서 수입은 어떠신가요?

워낙 천차만별이라 딱 말씀드리기 어렵네요. 언어마다 다르지만, 일본어는 타 언어보다 수입이 낮은 편입니다. 책 1권당 50만 원~200만 원 정도고, 매달 책 한 권을 번역하기는 힘들다고 말씀드리면 대략 짐작이 가시겠죠? 이 정도의 수입에는 당연히 만족하지 못하기에 출판업을 병행하고 있습니다.

지금 하시는 번역 일에서 최종 목표라고 할까요, 이루고 싶은 꿈이 있다면?

지금은 번역보다 출판 쪽에 더 힘을 쓰고 있어서, 그쪽 목표를 말씀드리자면 '사람들의 마음에 작은 영향이라도 미칠 수 있는, 누군가의 삶을 아주 조금이라도 바꿀 수 있는 책'을 만들고 싶습니다.

앞으로 번역가나 프리랜서 번역가가 되고자 하는 분들께 한마디 하신다면?

사명감이 필요한 일입니다. 언어 공부는 누구나 쉽게 도전하는 분야라, 조금 실력이 붙었다 싶으면 '나도 번역이나 해볼까?' 하며 시작하는 사람도 꽤 있는 것 같던데 그렇게 하기에는 단순한 언어 해석이 아니라는 점을 염두에 두고 시작해야 합니다. 그리고 책 많이 읽으시길.

저희 책에 대한 기대나 하시고 싶은 이야기를 자유롭게 해 주세요.

프리랜서 번역가(전업 번역가)에 대해 환상을 심어주기보다 가감 없이 현실을 드러내는 책이 되면 좋겠습니다.

• 임윤 번역가 •

프로필

프리랜서 번역가로 영어와 일본어를 번역하고 있다. 주로 마케팅과 관광 안내 문구를 번역한다. 반려동물들과 함께 불로소득을 창출해서 편안한 삶을 사는 것을 꿈꾸고 있다.

번역 언어 : 영어, 일본어

번역 분야 : 산업(화장품, 패션), 관광 (이 이외의 번역은 거의 하지 않습니다)

통역 일도 같이하시나요?

외출을 싫어하므로 하지 않습니다.

번역 경력과 프리랜서 번역 경력이 어느 정도 되시는지요?

번역 경력은 5년, 프리랜서 번역가 경력은 3년입니다. 면접장에서 좋지 않은 경험을 하여 직장을 다니지 못했습니다. 외무고시를 준비하다가 이후에 바로 번역 일을 하게 되었습니다.

어떤 계기로 번역가가 되셨는지요?

외무고시 공부를 하다가 돈이 필요해 번역으로 돈을 벌기 시작했습니다.

프리랜서 번역가가 되기로 한 계기가 있을까요?

앞서 말씀드렸듯이 고시 공부 중 돈이 필요해 번역 일을 시작했고, 너무 돈이 많이 들어와 고시를 그만두고 번역 일을 전업으로 하게 되었습니다.

프리랜서 번역가의 가장 큰 장점은 무엇일까요?

돈을 많이 버는 것이 제일 장점이라고 생각합니다. 두 개 언어를 모두 할 줄 알면 그만큼 더 많은 돈을 버는 거 같습니다.

프리랜서 번역가라서 힘든 점은 무엇일까요?

고시생에서 바로 전직해서 솔직히 힘든 점은 잘 모르겠습니다.

일과를 간단하게 스케치해주세요.

정말 불규칙적입니다만, 오후 1시 기상해 집 청소를 하고 밥을 먹습니다. 집 청소는 운동 겸 취미입니다. 밥은 스트레스가 많은 일이 있으면 잘 못 먹습니다. 밀크티를 진하게 내려 마시고 단백질과 당, 카페인을 섭취하여 몸을 깨웁니다. 이메일은 항상 확인합니다. 오후 3시경, 컴퓨터를 켜야 합니다. 하지만 일이 하기 싫으므로 세수를 하러 가죠. 밥은 보통 컴퓨터 옆에 두고 먹습니다. 오후 7~10시 사이에 업무를 종료하고 개를 산책시킵니다. 업무 중 인터넷으로 항상 쇼핑을 합니다. 새벽 3시쯤 잠을 잡니다. 일이 없을 때는 온종일 잡니다. 하지만 일이 많을 때는 위의 과정을 모두 생략하고 컴퓨터 앞에 붙어서 일만 합니다.

일 잘 할 수 있는 비결 하나 정도 공개? 많이 해주시면 좋습니다.
이메일 알람을 항상 켜둡니다. 답장을 빨리합니다. 이 두 가지가 제일 중요하다고 생각합니다.

일하면서 가장 중요하게 생각하는 포인트가 있다면?
마감을 철저히 맞춥니다. 무슨 일이 있어도 마감을 제일 우선으로 둡니다.

이미 프로 번역가지만 특별히 더 실력을 쌓기 위해 신경 쓰거나 하고 계신 공부가 있다면? 번역하시는 언어에 관한 공부 노하우가 될 수도 있겠습니다.

쇼핑을 항상 합니다. 저는 마케팅 광고 문구를 번역하는데, 쇼핑 광고문구가 번역에 큰 도움이 됩니다. 특히 비싸고 고급스러운 물건을 판매할 때 쓰이는 광고 문구들이 효과적입니다.

주변 프리랜서 번역가의 직업적 만족도는 어느 정도라고 생각하세요?

상당히 높습니다. 집안에서 일하다 스트레스를 받으면 개를 안고 누워있을 수 있으니, 이보다 더 좋을 수 있을까요?

여가를 어떻게 보내시는지 궁금합니다.

개를 안고 잡니다. 보통 잠을 잡니다.

프리랜서 번역가로서 수입은 어떠신가요?

매우 만족합니다. 충분하다고 생각합니다.

지금 하시는 번역 일에서 최종 목표라고 할까요, 이루고 싶은 꿈이 있으시다면?

번역일로 불로소득을 창출하여 반려동물들과 함께 편히 살고 싶은 꿈이 있습니다.

앞으로 번역가나 프리랜서 번역가가 되고자 하는 분들께 한마디 하신다면?

클라이언트와 소비자는 항상 옳습니다. 이 점을 항상 명심하며 번역하면 잔액 가득한 통장을 만들 수 있습니다.

저희 책에 대한 기대나 하시고 싶은 이야기를 자유롭게 해 주세요.

이 책이 번역가가 되고 싶으나 방법을 모르는 분들께 도움이 되는 책이었으면 합니다. 전자책으로도 출간되어 더욱 많이 알려졌으면 좋겠습니다.

• 박소현 번역가 •

프로필

학교에선 일본어를 배운 적이 없는 순수 학원파. 번역 일로는 한 번도 어딘가에 소속된 적이 없는 프리랜서 외길. 만화가 좋고 만화 번역이 좋다. 힘들지만 이 길로 들어선 것 자체가 내 인생의 혁신이었다.

번역 언어 : 일본어

번역 분야 : 만화 번역

통역 일도 같이하시나요?

아니요.

번역 경력과 프리랜서 번역 경력이 어느 정도 되시는지요?

번역 경력 8년 동안 계속 프리랜서로 일했습니다.

어떤 일을 계기로 번역가가 되셨는지요?

일본 만화를 좋아해서 일본어를 배우게 되었고 결국 만화 번역으로 연결되었습니다.

프리랜서 번역가가 되기로 한 계기가 있을까요?

일을 시작할 당시엔 전업주부였고 아이도 어렸기 때문에, 아이를 돌보면서 일을 하려면 취직보다는 프리랜서로 일하는 것이 더 알맞았습니다.

프리랜서 번역가의 가장 큰 장점은 무엇일까요?

자신이 하고 싶은 분야의 일을 더 많이 받는다든가, 스케줄을 자신의 사정에 맞게 조정할 수 있어서 좋습니다.

프리랜서 번역가라서 힘든 점은 무엇일까요?

대체로 집에서 일을 해서 작업 시간을 명확히 정해놓고 일하기가 힘듭니다. 종일 출근 상태인 느낌도 있어요. 또한 수입이 들쭉날쭉 불안정합니다. 스케줄을 소화하기 힘들 만큼 많은 일이 한꺼번에 들어와도 다음에 불이익이 있을까 봐 거절하지 못하고 다 떠안는 경우가 많습니다.

일과를 간단하게 스케치해주세요.

아침에 식구들을 학교와 직장으로 보내고 간단히 집안일을 정리한 후 작업을 시작합니다. 중간중간 식구들을 챙기며 작업을 하다 저녁 준비를 합니다. 저녁 식사를 마치고 나면 자기 전까지 다시 작업합니다.

일 잘 할 수 있는 비결 하나 정도 공개? 많이 해주시면 좋습니다.
다른 번역가가 작업한 만화책을 많이 읽습니다. 가끔 일본어 원서도 읽고요. 만화는 생활언어가 대부분을 차지하므로 말투가 고루해지지 않게 최신 예능이나 드라마, 잡지 등도 가끔 챙겨보면 작업에 도움이 됩니다. 내가 잘 쓰지 않는 단어가 센스 있게 사용된 예시를 보면 따로 메모해 놓습니다. 가끔 알맞은 단어가 생각나지 않을 때 그 메모를 보면 힌트를 얻을 수 있습니다.

일하면서 가장 중요하게 생각하는 포인트가 있다면?
프리랜서에겐 실력과 마감 일자 엄수가 제일 중요하다고 생각해요.

주변 프리랜서 번역가의 직업적 만족도는 어느 정도라고 생각하세요?
번역가에 따라 아주 다릅니다. 주변의 만화 번역가들은 대체로 수입 때문에 불만이 많습니다. 그 문제만 해결되면 대체적인 직업적 만족도는 높다고 생각합니다.

여가를 어떻게 보내시는지 궁금합니다.

만화책을 봅니다. 시간이 많을 땐 산책하러 가거나 여행을 떠나기도 합니다.

프리랜서 번역가로서 수입은 어떠신지요?

만화를 좋아해서 만화 번역 쪽으로 뛰어들었지만, 만화 번역료는 현실과 너무 동떨어져 있다고 할 만큼 낮습니다. 아무리 좋아하는 일을 하더라도 생활이 힘들면 문제가 많다고 생각됩니다. 만화 쪽 분야를 택하는 건 수입 면으로는 불리한 점이 많습니다. 개선되어야 한다고 생각합니다.

지금 하시는 번역 일에서 최종 목표라고 할까요, 이루고 싶은 꿈이 있다면?

만화 전문 번역가 모임을 만들고 싶습니다.

앞으로 번역가나 프리랜서 번역가가 되고자 하는 분들께 한마디 하신다면?

번역을 대충 하면 우리말이 이상해집니다. 번역은 사명감을 가지고 해야 합니다.

저희 책에 대한 기대나 하시고 싶은 이야기 자유롭게 해 주세요.
번역가의 위상을 높여줄 수 있는 책이 되었으면 좋겠습니다.

• 김성아 번역가 •

프로필

한국외국어대학교(1997~2002)에서 중국어와 영어를 이중전공하였고, 서울외국어대학원 대학교(2005~2007)에서 한중 국제회의통역을 전공. 현대종합상사(2002), 주칭다오총영사관(2007), 외교통상부(2008~2012), 법무법인 공존(2012)에서 근무. 현재는 두 아이의 엄마이자 프리랜서 번역가로 활동 중.

번역 언어 : 중국어

번역 분야 : 특정 영역에 국한되지 않고 의뢰받는 모든 영역을 번역하고 있습니다. 예전 직장 때문인지 정부 관련 문서(공문, 보고서) 번역을 많이 했고, 각종 논문, 설문조사 결과, 국제회의 자료 등 다양하게 번역하고 있습니다.

통역 일도 같이하시나요?

직장에 있을 때는 통·번역을 함께 했는데 지금은 개인 사정으로 번역에만 전념하고 있습니다. 조만간 다시 통역을 시작하려고 계획 중입니다.

번역 경력과 프리랜서 번역 경력이 어느 정도 되시는지요?

대학원 시절부터 경력으로 포함한다면 2005년부터 번역을 했습니다. 중간에 출산과 육아로 몇 년간 경력단절이 있습니다. 프리랜서 번역은 올해로 3년 차입니다. 직장에서는 7년 정도 근무했습니다. 대학에서 중국어를 전공한 덕에 해외 영업으로 들어간 첫 직장부터 중국어 통·번역 업무를 했습니다. 회사에 다니다가 통·번역 대학원에 진학하였고 대학원 졸업 후 근무한 주칭다오 대한민국영사관, 그 다음 직장인 외교통상부에서는 통·번역 업무와 다른 업무를 병행했습니다. 마지막 직장은 법무법인으로 그곳에서는 중국팀장으로 통·번역 업무를 했습니다. 출산과 육아 후 3년 전에 다시 번역 일에 복귀했습니다.

어떤 계기로 번역가가 되셨는지요?

어린 시절부터 동시통역사가 되는 것이 꿈이었습니다. 초등학교 때 걸프전이 발발했는데 그때 텔레비전에 나오는 동시통역을 보고 경이로워했던 기억이 있습니다. 비단 중국어뿐 아니라, 외국어에 관심이 많아서 결국 이쪽으로 오게 되었네요. 중국어를 선택하게 된 것은 사실 대학입시에서 성적에 맞춰서 전공을 정했기 때문입니다. 1992년에 중국과 수교가 되어 제가 대학에 입학할 무렵 막 중국과의 교류가 많아지기 시작해서 입시 상담을 하시던 담임선생님이 중국어를 권하셨습니다. 저는 영어나 이탈리아어가 배워보고 싶었는데 선생님께서 미래를 내다보는 눈이 있으셨나 봅니다. 다행히 적성에 맞아서 이렇게 중국어 번역을 하고 있습니다.

프리랜서 번역가가 되기로 한 계기가 있을까요?

꼭 프리랜서가 되어야겠다고는 생각하지 않았는데 출산과 육아라는 상황이 저를 프리랜서로 만들었네요(웃음).

프리랜서 번역가의 가장 큰 장점은 무엇일까요?

아무래도 시간적 여유가 아닐까 싶습니다. 저는 현재 두 아이를 키우고 있는데, 육아하며 일하기에는 다른 워킹맘보다 시간적 여유가 많습니다. 물론 성수기에 일이 몰릴 때는 밤을 새우기도 하지만 반대로 일이 없을 때는 한없이 한가합니다. 제 일정을 우선으로 고려해서 일을 의뢰받을 수 있다는 점이 큰 장점입니다.

프리랜서 번역가라서 힘든 점은 무엇일까요?

비단 번역뿐 아니라 모든 프리랜서가 그러하듯이 업무가 일정하게 계속 있는 것이 아니라서 언제 의뢰가 들어올지 몰라 수시로 휴대폰과 이메일을 확인해야 합니다. 제 일정을 우선으로 일을 의뢰받을 수 있다는 장점도 일이 꾸준히 있을 때만 가능합니다. 반대로 일이 없을 때는 들어오는 일을 다 받다 보면 무리를 하는 경우도 생깁니다. 번역은 통역보다 비수기와 성수기가 뚜렷하지 않지만 아무래도 겨울과 여름은 비수기에 속해서 마음도 같이 추워지고 더워지는 단점도 있네요. 최근에는 기계번역이라는 번역업계의 적(?)이 등장하여 긴장하고 있습니다.

일과를 간단하게 스케치해주세요.

일하는 부분을 제외하고는 대부분의 가정주부와 비슷합니다. 가족들 아침 식사를 챙기고 남편이 먼저 출근하고 아이들이 등원하고 나면 번역 의뢰가 있는 날은 노트북을 챙겨서 나옵니다. 집에서 작업하면 평소에는 눈에 안 보이던 일들이 자꾸 보이거든요. 카페에서 주로 작업하고 오후에 아이들이 하원 하면 저녁을 먹고 씻기고 재우고 난 뒤에 다시 번역 작업을 합니다.

일 잘 할 수 있는 비결 하나 정도 공개? 많이 해주시면 좋습니다.

요즘은 한 분야만 전문적으로 하는 통·번역가도 있지만, 분야와 관계없이 모든 일에 호기심을 가지고 대하는 것이 프리랜서 통·번역가에게는 중요하다고 생각합니다.

일하면서 가장 중요하게 생각하는 포인트가 있다면?

번역 업계에서는 아무래도 실력이 가장 중요하지 않을까 생각합니다. 직접 사람을 대하는 일이 아니라서 사람이 아무리 좋아도 그건 결과물에 드러나지 않거든요. 다음으로 성실함을 꼽을 수 있겠네요. 대부분의 번역이 시간을 다투는 경우가 많기에 고객이 요청한 납품기한을 지키는 것이 중요하다고 생각합니다.

이미 프로 번역가지만 특별히 더 실력을 쌓기 위해 신경 쓰거나 하고 계신 공부가 있다면? 번역하시는 언어에 관한 공부 노하우가 될 수도 있겠습니다.

아무래도 외국어를 다루다 보니 끊임없이 새로운 단어를 공부해야 합니다. 앞에서도 말했지만 다양한 영역을 번역하기 때문에 생소한 단어들이 많습니다. 평생 제 입으로 이런 단어를 말하는 날이 있을까 싶은 그런 단어들이 등장하기 때문에 번역하지 않을 때도 처음 보는 단어가 있으면 늘 찾아봅니다. 단어 공부보다 더 중요한 것은 저의 국어 실력을 늘 의심하는 것입니다. 일상생활에서 아무렇지도 않게 쓰고 있는 표현들이 잘못된 경우가 많으니 바르게 사용하고 있는지 확인해 봅니다. 한·중 번역보다는 중·한 번역 의뢰가 더 많아서 국어 공부도 필수입니다.

주변 프리랜서 번역가의 직업적 만족도는 어느 정도라고 생각하세요?

제 주변 사람들은 대부분 통역도 같이하고 있어서 프리랜서 번역가에 대한 만족도를 말하긴 쉽지 않네요. 번역가들이 정보를 교환하는 온라인 카페에 올라오는 글을 보면 전업으로 번역만 해서는 생계를 꾸리기 어렵다는 내용이 가끔 보입니다. 개인적인 의견이지만 영어를 제외한 언어 대부분이 그렇지 않을까 생각합니다. 번역 요율은 10년 전과 비교해도 떨어졌으면 떨어졌지 오르지는 않았거든요. 경제적인 부분이 직업에 대한 만족도에 큰 부분을 차지한다고 생각하기에 직업적 만족도가 높다고 말하기는 어렵습니다. 생각보다 번역에 들이는 노력과 시간이 엄청난데, 그에 비해 경제적 보상은 적기 때문입니다.

여가를 어떻게 보내시는지 궁금합니다.

예전에는 제빵을 했었는데 만든 빵을 제가 먹다 보니 자꾸 살이 쪄서 그만뒀습니다. 마음을 다스리려고 시작한 프랑스 자수가 취미가 되어서 시간이 날 때는 수를 놓고 있습니다.

프리랜서 번역가로서 수입은 어떠신가요?

아직 프리랜서로 번역을 시작한 지 오래되지 않아서 수입은 일정하지 않은 편입니다. 지난 5월 종합소득세 신고를 했더니 세금을 돌려주시네요. 특히 올해는 중국과의 관계가 좋지 않아 번역 의뢰가 눈에 띄게 줄어서 배가 고픕니다(웃음).

지금 하시는 번역 일에서 최종 목표라고 할까요, 이루고 싶은 꿈이 있다면?

오랫동안 꾸준히 찾아주는 번역가가 최종 목표입니다. 긴 호흡을 가지고 번역해야 하는 도서 번역에 도전해 보고 싶습니다.

앞으로 번역가나 프리랜서 번역가가 되고자 하는 분들께 한마디 하신다면?

번역 시장의 진입장벽은 비교적 낮은 편입니다. 외국어를 조금만 알아도 번역을 할 수 있다고 생각하기 때문입니다. 하지만 시간이 갈수록 쉬운 일이 아니라는 사실을 알게 됩니다. 계속해서 번역을 하고 싶다면 그리고 프리랜서 번역가로 남고 싶다면 끊임없이 공부해야 합니다. 공부하고 연구하는 것만이 이 시장에서 살아남을 길입니다. 저희 업계에 있는 사람들은 통·번역가를 '백조'라고 부르기도 합니다. 바깥 세계에서 보기엔 멋진 모습으로 국제회의장에 나타나 외국어를 동시통역하고, 가끔 방송에서 보이는 모습은 멋지게만 보이거든요. 실상은 통·번역 준비에 누구보다 예민하고 눈 뜨고 보기 힘들 정도의 몰골로 지내기도 합니다. 화려한 겉모습만 보고 뛰어들지는 마시기 바랍니다.

저희 책에 대한 기대나 하시고 싶은 이야기를 자유롭게 해 주세요.
'프리랜서 번역가로 멋지게 살기'라는 컨셉을 보고, 제가 인터뷰를 하는 것이 맞는 일인가 고민이 되었습니다. 프리랜서가 되기 전에는 저도 통·번역가 선배들의 모습을 보고 멋지게만 살 수 있을 줄 알았거든요. 그런데 현실이 아름답지만은 않네요. 본인이 열심히 하는 것과 업계 상황은 별개여서요. 다른 언어 번역가들의 생활은 어떨지 어떤 내용이 담길지 궁금해지네요.

• 김소희(차라) 번역가 •

프로필

자칭 '중국·중국어와 연애하는 여자'. 김소희보다 '차라'라는 이름으로 중국 이야기를 많이 나눠왔다. 중국어 시나리오 번역이라는 낯설고 연고 없는 땅에 뛰어들어 번역가가 되었다. 최근에는 중국 관련 책 집필과 중국 서적 번역에 몰두하고 있다. 저서로는 『쩐더! 쉽게 바로 써먹는 중국어 여행 회화』『네이티브는 쉬운 중국어로 말한다』『중국어 번역가로 산다는 것』『마음의 문장들 –처음 만나는 감성 중국어 필사책-』『애지중지 –낯선 중국과 연애하는 법-』 등이 있다.

번역 언어 : 중국어. 한·중 번역을 하는 경우도 종종 있지만, 대부분은 중·한 번역을 위주로 하고 있어요.

번역 분야 : 신문 기사글 번역 등으로 소소하게 시작했다가 한중 합작 작품들이 많이 생겨나기 시작하면서 시나리오 번역을 전문적으로 해왔습니다. 사드 이후 한중 합작의 길이 막히면서 최근에는 도서 번역을 시작했고요.

통역 일도 같이하시나요?

말보다는 글이 편하고 잘 맞아서 통역은 아예 하지 않고 있습니다. 통역보다 번역이 훨씬 체질에 맞아요.

번역 경력과 프리랜서 번역 경력이 어느 정도 되시는지요?

번역 일만 전문적으로 하게 된 건 이제 5년 차가 되었습니다. 프리랜서 번역가를 시작하기 전까지는 방송작가, 사보 기자, 한국어 교사의 길을 거쳤어요. 그 경력을 전부 합치면 5년 정도가 되네요.

어떤 계기로 번역가가 되셨는지요?

중국어를 워낙 좋아했고, 중국어로 된 글을 한국어로 표현하는 것에 큰 즐거움을 느끼기 시작하면서 번역가를 떠올리게 됐어요. 번역가를 인생의 가장 마지막 목표로 삼고 있었습니다. 그러다 우연한 계기로 신문 기사를 번역하게 되었고, 또 한 번 우연한 계기로 중국 작가에게 대본을 받아 본격적인 시나리오 번역 일을 하게 된 게 오늘날까지의 경력으로 이어졌습니다.

프리랜서 번역가가 되기로 한 계기가 있을까요?

프리랜서로 살겠다고 마음먹고 시작한 건 아니었고, 어쩌다 보니 프리랜서의 길을 걷게 되었어요. 조금씩 하다 보니 프리랜서의 삶이 나에게 잘 맞는구나, 싶었고 그렇게 정착을 하게 되었습니다.

프리랜서 번역가의 가장 큰 장점은 무엇일까요? 그리고 프리랜서 번역가라서 힘든 점은 무엇일까요?

'시간 관리가 자유롭다'라는 것이 바로 프리랜서의 최대 장점이자 단점이 아닐까요. 출퇴근 시간에 구애받지 않고, 개인적인 일을 봐야 할 때도 시간을 자유롭게 운용할 수 있어서 참 좋죠. 반면, 자기 관리를 제대로 하지 못하면 생활이 무너져 버리기도 하고요. 외줄 타기 하듯이 긴장감을 유지하면서 시간 관리를 해나가야 하는 게 바로 프리랜서의 기본이자 핵심이지 않을까 생각합니다.

일과를 간단하게 스케치해주세요.

밤늦은 시간까지 일하는 경우가 많아서 아침에는 7시 30분에서 8시쯤 일어납니다. 출근 준비를 하는 동안 중국 드라마를 틀어두거나(중국어 환경을 조성해두는 의미), 전날 밤에 업로드된 뉴스를 보기도 하고요. 준비를 마치면 작업실로 출근합니다. 이메일 확인부터 시작해서 그 날 처리해야 할 일들을 순서대로 해나갑니다. 보통은 연재 중인 원고를 넘기는 일이나 그 날 정해진 분량의 번역을 하는 것으로 시간이 흘러가요. 5~6시쯤 퇴근을 하고 이른 저녁을 간단히 먹은 후 운동을 갑니다. 운동은 작년 초부터 시작해서 매일 지속해오고 있어요. 주로 스피닝과 근력 운동을 하고요. 운동 후에는 잠시 카페에서 1시간 정도 긴장을 푸는 시간을 가진 후, 집에 돌아가서 나머지 정리를 합니다. 자기 전까지는 주로 그 날 다 하지 못했던 일을 조금 더 하거나 책을 읽어요.

일 잘 할 수 있는 노하우 하나 정도 공개? 일하면서 가장 중요하게 생각하는 포인트가 있다면?

당연한 이야기겠지만, 프로 의식과 책임감을 늘 느끼며 일하는 것이 프리랜서 번역가로 오래 살아남을 방법이라고 생각합니다. 번역을 '돈벌이 수단'으로 생각하는 것과 '제2의 창작으로 삼아 재탄생시키는 나의 글'로 생각하는 것에는 분명 큰 차이가 있을 테니까요. 그 어떤 번역 스킬보다 더 중요한 부분이 아닐까 싶어요.

이미 프로 번역가지만 특별히 더 실력을 쌓기 위해 신경 쓰거나 하고 계신 공부가 있다면? 번역하시는 언어에 관한 공부 노하우가 될 수도 있겠습니다.

생활 자체를 '기승전 중국어'로 만드는 것에 늘 주력하고 있어요. 늘 '중국어'를 의식적으로 염두에 두고 있는 거죠. 중국어 환경을 만들기 위해 중국 프로그램을 늘 틀어둔다든가, 음악을 자주 듣는다든가, 한국 SNS보다 중국 SNS를 조금 더 가까이한다든가 하는 식으로 중국어를 생활화하는 데 신경 쓰고 있는 편이에요. 이렇게 하면 알게 모르게 얻어지는 중국어가 꽤 많더라고요.

주변 프리랜서 번역가의 직업적 만족도는 어느 정도라고 생각하세요?

주변에 있는 프리랜서 번역가 말씀이신가요? 사실 잘 모르겠어요. 이런 부분에 대해 터놓고 이야기해본 적이 없는 것 같아요. 그래서 저도 이 책을 통해 다른 분들의 허심탄회한 이야기들을 듣고 싶어요.

여가를 어떻게 보내시는지 궁금합니다.

가까운 곳으로 바람을 쐬러 가거나 영화도 보고 카페에 가서 수다도 떨고요. 혼자 보내는 여가에는 주로 책을 많이 읽으려고 노력해요. 그게 번역하는 데에 아주 큰 자양분이 되더라고요.

프리랜서 번역가로서 수입은 어떠신가요?

일이 많을 때와 적을 때 등등 상황에 따라 편차가 크겠죠? 개인적으로 시나리오 번역에 전념하던 시절에는 직장 생활을 할 때보다 수입 면에서 더 만족스러웠어요. 중국어 번역은 특히 시국의 영향을 크게 받아서 지금은 아주 만족스러운 정도는 아니지만, 그래도 부족함은 없다고 생각하고 있습니다.

지금 하시는 번역 일에서 최종 목표라고 할까요, 이루고 싶은 꿈이 있다면?

번역 중에서도 도서 번역이 저의 최종 목표였는데, 현재 도서 번역을 하고 있어요. 어떻게 보면 목표를 이룬 셈이지만, 어찌 보면 이제 시작인 거죠. 앞으로 중국의 좋은 책을 많이 발굴해서 한국의 독자들에게 선보이는 것, 그게 제 꿈입니다.

앞으로 번역가나 프리랜서 번역가가 되고자 하는 분들께 한마디 하신다면?

언젠가 친구가 '나도 프리랜서로 번역가나 할까?'라는 소리를 아무렇지도 않게 했다가 저에게 크게 한 소리 들은 적이 있습니다(웃음). 번역은 사전 찾아서 단어만 치환하는 작업이 아닙니다. 제2의 창작이고, 번역가의 스타일로 글을 재탄생시키는 작업이에요. '외국어 실력+작가의 소양'이 필요한 영역이지요. 프리랜서 역시 생각만큼 자유롭고 편안한 일이 아닙니다. 시간 관리를 철저히 하지 못하고 긴장감을 놓치는 순간, 프리랜서는 영원히 '프리'해질 수도 있거든요. 세상의 모든 일이 그러하겠지만, 번역가와 프리랜서는 준비가 제대로 되어있지 않으면 너무나 험난하고 힘든 도전이 될 수도 있습니다. 그런데도 번역이 너무 좋아서 주체가 안 될 지경이라면, '멋지게 도전해 보세요!'라고 말하고 싶어요. 그만큼 번역은 아주 매력 있는 일이니까요.

저희 책에 대한 기대나 하시고 싶은 이야기 자유롭게 해 주세요.

프리랜서다 보니 동료의 개념이 별로 없어서 일에 대해 허심탄회한 이야기 나눌 수 있는 주변 사람들이 많지 않습니다. 아마도 이 책이 저에게는 동료 같은 역할을 해줄 것만 같아서 너무나 기대돼요. 좋은 책 기획해주셔서 감사합니다.

• 이예원 번역가 •

프로필

서울외대 통·번역대학원 한중과 졸업. 삼성전기 상근 통역사. 가톨릭대학교 출강. 현 서울외대 통·번역 대학원 한중과 강사. 숭실사이버대학교 중국어언문화학과 외래 강사

역서 : 『장쯔이의 성공스토리』 『최상의 자신을 만들어라』 『서른 기본을 탐하라』 『시간을 멈춘 여행』 『명품 시대』 등 10권 정도. 통역이든 번역이든 클라이언트가 감사하다고 말씀해 주실 때 보람을 느낍니다. 지금까지 들은 최고의 칭찬은 모 대기업에서 저에게 '우리 회사에 관한 가장 제너럴한 전문가'라고 말씀해주시더라고요.

번역 언어 : 중국어 (한·중/중·한)

번역 분야 : 도서 번역은 기회가 되면 진행하고 있습니다. 그 외 산업 분야(매뉴얼, 보고서) 일을 많이 하고 있고, 영상물이나 애니메이션은 적성에 좀 안 맞고 기회가 별로 없어서 진행을 거의 안 하고 있습니다.

통역 일도 같이하시나요?

네. 동시통역, 순차통역 다 합니다. 분야에 상관없이 통역이든 번역이든 기회가 있으면 다 하려고 합니다.

번역 경력과 프리랜서 번역가 경력이 어느 정도 되시는지요?

번역일은 대학원 졸업 후 지금까지 하고 있어서 12년 차입니다. 졸업 후 가톨릭대학교, 서울외대 통·번역대학원 강의를 하다가 삼성전기 상근 통역사로 1년간 재직 후 다시 나와서 계속 프리랜서를 하고 있습니다. 강의 경력은 거의 10년 정도 될 것 같네요. 삼성전기에서도 통·번역 업무 위주로 일을 했습니다.

어떤 계기로 번역가가 되셨는지요?

처음에는 중국어에 별로 뜻이 없었어요. 학부 때 교환학생으로 북경외대에서 1년간 연수를 했는데, 같은 기숙사에 있던 다른 학교 언니가 '통·번역대학원'의 존재를 알려줘서 흥미를 느끼게 되었습니다. 번역 일에는 예전부터 관심이 있었습니다. 번역이 좋다기보다 드라마에서 고현정 씨가 번역가로 나오는 모습을 보고 막연히 동경했던 것 같습니다.

프리랜서 번역가가 되기로 한 계기가 있을까요?

계속 조직에 들어가려고 공채도 지원하고, 대기업 해외 파견, 대사관, 외교부 면접도 많이 봤는데, 조직에서 저를 원하지 않았어요(웃음). 일은 하고 싶고, 할 수 있는 건 중국어 통·번역밖에 없어서 자연스럽게 통·번역 프리랜서가 된 것 같습니다.

프리랜서 번역가의 가장 큰 장점은 무엇일까요?

장점은, 비 오고 눈 오는 날, 덥고 추운 날, 날씨 안 좋은 날 출근할 필요가 없다는 점입니다(웃음). 그리고 자기 시간이 있다는 것, 시간을 스스로 관리할 수 있다는 장점이 있지만 이건 단점이기도 합니다.

프리랜서 번역가라서 힘든 점은 무엇일까요?

시간 관리와 일이 없을 때 마음을 다스리는 것입니다. 프리랜서는 남들이 일할 때 놀기도 하고 남들이 놀 때 바쁘기도 합니다. 시간이 무한대로 많을 때도 있습니다. 그럴 때 자기 공부도 하고 책도 보면서 내실을 다져야 하는데, 그게 생각만큼 쉽지 않아요. 특히 결혼하고 아이가 있으니 더 힘든 것 같습니다. 아이 때문에 일을 거의 새벽에 할 수밖에 없는데 나이 탓인지 예전처럼 새벽에 번역하는 게 쉽지 않아요(웃음). 일을 너무 쉬고 있다가 막상 기다리던 일이 들어오면 무섭고 망설여집니다. 10년 차가 넘어가는데도 그렇습니다. 그래서 흐름을 놓치지 않을 정도로 꾸준히 일하면서 마음을 다스리는 것이 힘들어요.

일과가 궁금합니다. 간단하게 스케치해주세요.

지금은 학기 중이라 일주일에 한 번 서울외대 통·번역대학원 출강을 하고, 숭실 사이버대학교 수업을 하고 있어서 촬영하러 가는 날도 있습니다(주 1회). 그 외에 성수기인 봄·가을에는 일이 잡히면 통역을 합니다. 번역이 들어오면 될 수 있으면 직장인처럼 9~6시 사이에 일하려고 합니다. 낮에 놀고 밤에 일하니까 리듬이 깨져서 별로 안 좋더라고요. 그래서 지금은 아이가 등원해 있는 동안 하거나, 너무 급한 일은 밤샘 작업도 합니다. 클라이언트의 스케줄에 따라 저의 스케줄이 정해지니까요. 일할 때는 종일 하고, 없을 때는 책을 많이 읽으려고 노력합니다.

일 잘 할 수 있는 비결 하나 정도 공개? 많이 해주시면 좋습니다.

번역의 질은 '번역료'가 결정합니다(웃음). 정말 사실이에요. 확실히 돈을 많이 주는 번역은 자꾸 들여다보게 되고 다듬습니다. 그런데 돈을 많이 주는 데는 이유가 있습니다. 첫째, 번역이 어렵다. 둘째, 클라이언트가 까다롭다. 받는 만큼 고통도 따르고 혹시나 모를 클레임도 걱정도 비례합니다. 같은 클라이언트가 다시 의뢰해 주면 그제야 안심하죠. 일 잘 할 수 있는 노하우는 따로 없고 욕심을 내면 안 되더라고요. 욕심내서 무리하게 일을 받으면 전체적인 번역의 질이 떨어집니다. 성실함은 당연한 기본 조건입니다. 한국어가 중요하다는 생각을 정말 많이 합니다. 그래서 책을 많이 읽으려고 노력합니다.

일하면서 가장 중요하게 생각하는 포인트가 있다면?

성실함, 약속 잘 지키기, 납기, 시간 엄수라고 생각합니다. 번역가는 번역물의 결과물로 평가받습니다. 정성스럽게 작업한 원고는 확실히 질이 다릅니다. 다른 직업도 마찬가지지만 정말 실력으로 평가받는 분야라고 생각합니다.

이미 프로 번역가지만 특별히 더 실력을 쌓기 위해 신경 쓰거나 하고 계신 공부가 있다면? 번역하시는 언어에 관한 공부 노하우가 될 수도 있겠습니다.

요즘 중국 고문에 관심이 커져서 올 겨울방학이 되면 고문 수업을 듣던지, 혼자서 논어, 맹자 등 책을 사서 공부해 볼까 합니다. 중국어는 고문을 많이 인용하기 때문에 번역하다가 어렵고 당황스러운 경우가 많습니다.

주변 프리랜서 번역가의 직업적 만족도는 어느 정도라고 생각하세요?

만족도는 그냥 보통인 것 같습니다. 일과 비례하는 것 같습니다. 꾸준히 많이 하는 분들은 만족도가 높습니다. 프리랜서는 일을 통해서 평가받으니까요. 통·번역가라는 직업에 대해서는 자부심을 느끼고 만족합니다.

여가를 어떻게 보내시는지 궁금합니다.

특별한 건 없고, 체력이 달려서(통·번역도 체력이 중요합니다) 운동 한 가지 하고, 집안일 하고, 수업 준비하고 특별히 뭘 하지는 않습니다.

프리랜서 번역가로서 수입은 어떠신가요?

번역만 하면 수입은 너무 적습니다. 저는 통역, 번역, 출강을 함께 해서 어느 정도 수입을 유지하고 있습니다. 1년 내내 꾸준히, 적당히 있었으면 하는 바람입니다. 많이 버는 건 아니지만, "집에서 육아도 하고 적당하게 가정 경제에 도움이 되는 수준, 제가 사고 싶은 건 눈치 안 보고 한 번씩 사도 되고 약간의 저축은 가능한 정도(생활비는 남편이 줍니다)"라고만 해 두겠습니다.

지금 하시는 번역 일에서 최종 목표라고 할까요, 이루고 싶은 꿈이 있다면?

콘텐츠가 강한 오래 활동하는 번역가가 되고 싶어요. 예전에는 통역을 잘 하고 싶었는데, 요즘은 나이 들어서도 오래 할 수 있고, 나이를 먹을수록 내공이 생겨 번역이 깊어지는, 좋은 번역가가 되고 싶습니다. 그래서 요즘은 다시 책 번역 샘플도 지원하고, 번역을 많이 하려고 합니다. 사실, 예전에는 통역을 주로 해서 번역을 많이 못 했어요. 번역을 잘해야지 통역도 잘 하게 되는 것 같습니다.

앞으로 번역가나 프리랜서 번역가가 되고자 하는 분들께 한마디 하신다면?

좋은 번역가가 되려면 모국어를 잘해야 하는 것 같습니다. 책을 많이 읽으라고 권합니다. 전 그렇게 못해서 참 후회가 많이 됩니다. 그리고 중국어 번역의 블루오션이라고 하면 '고전 번역', '소설 번역'인 것 같아요. 수요는 있는데 정말 잘 해내는 실력자가 많지는 않은 것 같습니다. 결국 '책을 많이 읽자'입니다. 그리고 1만 시간의 법칙을 강조하고 싶어요. 어떤 분야의 전문가가 되려면 1만 시간을 투자하면 된다고 합니다. 온전히 집중해서 하루 3시간씩 하루도 빠지지 않고 10년을 하면 1만 시간이라고 합니다. 그러면 어떤 분야든 전문가가 된다고 해요.

저희 책에 대한 기대나 하시고 싶은 이야기를 자유롭게 해 주세요.

아직 번역가에 관한 책이 많이 안 나온 것 같은데(제가 잘 모르는 걸 수도 있습니다) 너무 과장되지 않게 번역가를 소개했으면 합니다. 저도 다른 프리랜서 번역가들의 삶이 참 궁금하거든요(웃음). 수입적인 부분보다는 일과를 어떻게 보내는지, 혼자 공부하는 팁 같은 게 궁금해요.

|추천 도서|

번역 관련 추천 도서

『번역에 살고 죽고』 권남희 저, 마음산책

일본 도서 번역가로 유명하신 권남희 선생님의 책입니다. 저는 기술 번역 전문이라 분야는 다르나, 굉장히 존경하고 좋아하는 선생님입니다. 읽어보면 일본 도서 번역가의 삶을 엿볼 수 있고, 그 고충에 대해서도 재밌는 이야기와 함께 읽어볼 수 있습니다. 개인적으로 번역을 하다가 의욕이 나지 않을 때, 뭔가 자극을 받고 싶을 때 다시 펼쳐보면 '그래, 나도 이런 멋진 번역가가 될 거야!' 하고 기운을 받는 책입니다.

『처음부터 실패 없는 일본어 번역』 윤지나 저, 소란 출판사

일본어를 번역할 때의 실제 사례에 대해서 자세히 이야기하는 책입니다. 제가 번역가가 될 때도 많이 참고한 책입니다. 저자이신 윤지나 선생님이 통·번역 대학원을 나오셔서 그런지, 한국 외대 등의 통·번역 대학원 입시에 대해서도 잘 나와 있습니다. 일본어 기술 분야 전문 번역가가 되고 싶다면 읽어보시길 추천합니다.

『나도 번역 한번 해볼까?』 김우열 저, 달그림자

유명한 『시크릿』이라는 책을 번역하신 도서 번역가 김우열 선생님의 책입니다. 번역에 대한 수많은 질문과 답이 이 책에 잘 소개되어 있습니다. 영어 번역을 중심으로 이야기하는 책이므로, 영어 번역가분들께 많이 도움이 될 것입니다. 평소에 도서 번역에 대해서 알고 싶었던 내용은 이 책 한 권이면 대부분 해결될 것입니다.

『중국어 번역가로 산다는 것』 김소희 저, 더라인북스

중국어 시나리오 번역가이신 김소희 선생님의 책입니다. 잘 알려지지 않은 시나리오 번역가의 세계에 대해 많은 정보를 얻을 수 있고, 중국어 번역에 대해서도 나와 있습니다. 평소에 한중 합작 드라마나 중국어 번역에 관심이 있었다면 꼭 한번 읽어보기를 추천합니다.

일본어 공부 추천 도서

『손으로 쓰면서 외우는 JLPT N1 30일 완성』, 『손으로 쓰면서 외우는 JLPT N2 30일 완성』 나무 저, 세나북스

 문법과 관련된 문장을 하나씩 따라 쓰면서 공부할 수 있는 방식의 책입니다. 제가 추천하는, '문장을 통째로 암기하는 공부방법'을 실천하기에도 알맞은 책입니다. 문장을 하나하나 따라 쓰고 암기하다 보면 JLPT도 어렵지 않게 취득할 수 있을 것입니다.

프리랜서 관련 추천 도서

『프리에이전트의 시대』 다니엘 핑크 저, 에코리브로

인간이 가진 최고의 욕구, 우리를 진정 인간답게 만드는 가장 고차원의 욕구는 소위 자아실현의 욕구이며 노동은 단지 돈을 버는 수단만은 아닙니다. 바로 프리 에이전트(우리말로 '프리랜서'를 의미)는 이런 욕구를 실현하게 해 줄 최고의 방법입니다. 프리 에이전트가 가진 매력은 다음과 같이 요약됩니다. "원하는 시간에, 원하는 장소에서, 원하는 만큼, 원하는 조건으로, 그리고 원하는 사람을 위해 일하는 것!" 프리 에이전트로서 일할 때의 가장 큰 매력은 바로 '자유'입니다. 하지만 엄청난 책임감이 뒤따릅니다. 프리랜서, 1인 기업가를 꿈꾼다면 반드시 읽어봐야 할 책입니다.

『나는 세상으로 출근한다』 박용후 저, 라이팅하우스

"구글러(구글 직원)들이 자발적으로 하루 24시간을 일에 매진하면서도 행복하다고 느끼는 이유는?" 그들이 전적으로 그 시간에 대한 권한을 가지고 있기 때문이라고 합니다. 이 책은 한국판 『프리에이전트의 시대』에 대한 내용입니다. 시간과 장소에 무관

하게 일에 몰두할 수 있으려면 사실 엄청난 훈련과 자기관리가 필요합니다. 딱히 출근할 사무실이 없다는 것은 훈련되지 않는 사람에게는 재앙과 마찬가지라고 말합니다. 저자는 조직에 들어가기 위해 안간힘 쓰던 시대는 끝났다고, 가능하다면 어떤 대가를 치르더라도 자유를 선택하라고 말하고 있습니다.

『마스터리의 법칙』 로버트 그린 저, 살림

내면의 목소리에 귀 기울여 본 적이 있나요? 많은 사람은 자신이 진정 원하는 일보다는 전혀 맞지 않는 직업이나 진로를 선택합니다. 인생의 많은 시간을 보내는 일터에서 진정한 행복을 찾지 못한다면 이야말로 인생의 낭비가 아닐까요? 거장들의 숨은 이야기들이 풍부한 예시로 나와 엄청난 두께(608 페이지)에도 불구하고 재미있게 읽을 수 있습니다. 평범하지 않은 사람들에게서 평범한 진리를 배울 수 있습니다. 자기에게 꼭 맞는 특정한 분야나 기회를 발견하고 한 분야의 거장이 되는 순간, 강압적인 상사나 교활한 동료들에게 휘둘릴 필요가 없어집니다. 인생의 과업을 찾는 길은 상당한 노력과 계획이 필요하지만 분명 다른 사람들과 다른 삶을 살 수 있습니다. 남들이 만들어놓은 것을 그저 소비하고 시시한 목표만 추구하며 당장 눈앞의 만족만 추구하기보다는, 나만이 할 수 있고 내가 하고 싶은 과업을 찾아야 합니다. 젊은 나이에 한 가지 방향만 정해 놓고 융통성 없이 그 길만 가면 40대 무렵 직업적으로 더 이상 발전이 없는 막다른 지경에 봉착하게 됩니다. 이 책을 읽으면 번역가, 프리랜서의 길도 마스터리로 가는 길과 상당히 유사함을 알게 됩니다. 내면 깊숙한 곳, 진정한 자아의 목소리가 이끄는 일을 선택하여 그 길을 열심히 간다면 그보다 행복한 인생은 없을 것입니다.

프리랜서 번역가 수업
호린의 프리랜서 번역가로 멋지게 살기

초판 1쇄 발행   2017년 10월 10일
초판 2쇄 발행   2018년 1월 15일

지 은 이	박현아
펴 낸 이	최수진
펴 낸 곳	세나북스
출판등록	2015년 2월 10일 제300-2015-10호
주 소	서울시 종로구 통일로 18길 9
홈페이지	http://blog.naver.com/banny74
이 메 일	banny74@naver.com
전화번호	02-737-6290
팩 스	02-6442-5438
I S B N	979-11-87316-20-6 13730 (종이책)
	979-11-87316-21-3 15730 (EPUB)

이 책의 판권은 지은이와 세나북스에 있습니다.

내용의 일부와 전부를 무단 전재하거나 복제를 금합니다.

이 도서의 국립중앙도서관 출판예정도서목록(CIP)은 서지정보유통지원시스템 홈페이지(http://seoji.nl.go.kr)와 국가자료공동목록시스템(http://www.nl.go.kr/kolisnet)에서 이용하실 수 있습니다.
(CIP제어번호 : CIP2017025293)